JN006543

磯野 誠
Makoto Isono

髙橋佳代
Kayo Takahashi

島田善道
Yoshimichi Shimada

アイデアをもたらす思考
創造的認知を新製品・サービス開発へ応用する

ナカニシヤ出版

ま え が き

■ 1　本書の問題意識と特徴

　本書は，新製品や新サービスのアイデア開発に直接的に携わる人を対象とした。開発者がアイデアを開発する際に駆動させる認知プロセスの一端を明らかにすることを試み，その効果的なあり方を検討したものである。

　新しい製品やサービスは，人の生活を大きく変え豊かにすることができる。そのような新製品・サービスの開発において，アイデアは，その開発プロジェクトの成否を左右するほどの重要性を持つ。それゆえにアイデア開発の問題は，新製品・サービス開発やデザインなどに関わる研究において，高い関心を持って，さまざまな角度から取り組まれてきた。

　より適切なアイデア開発のためには，ただアイデアを創出するだけでなく，創出されたアイデアを適切に選択したり，管理することも重要な問題となる。そこでアイデア創出よりも，アイデアの選択や管理の方がより重要と主張する研究もある。さらにはアイデアの創出も，開発者自身によることがすべてではなく，開発者以外の誰かあるいは何かに依存することも考えられる。むしろ，リードユーザー理論を扱うものやオープンイノベーションを扱うものなど，開発者以外に依存すべきことを主張する研究もある。

　その中にあって本書はあえて，開発者によるアイデア開発を問題とするものであり，それ自体がまず本書の特徴の 1 つである。それはひとえに，開発者自らによるアイデア開発がそれほど簡単ではなく，またごく素朴なことでありながら，未だその効果を追求できる余地があると考えられるからである。

　その開発者によるアイデア開発の問題を扱う研究の多くは，創造性に関わる心理学の研究知見を援用することで，有為な知見を見出してきている。本書もそのような研究の延長にある。特に本書は，Finke et al.（1992）によって提唱される「創造的認知」の考え方に影響を受けている。創造的認知とは，創造的な行為や産物に貢献する特定の認知プロセスや構造であり，またそのような認

知プロセスや構造を明らかにするアプローチとされる（Finke et al. 1992）。その上でこれまでの研究に対して，本書は次の点を特徴とする。

1) 複数種の認知プロセスのアイデア創造性実現に対する効果とそれらの関係を扱う

これまでの開発者がアイデアを開発する際に取る認知プロセスを明らかにすることを試みた研究は，認知プロセスのうち，アナロジのみ，あるいは概念結合のみといったような，一種の認知プロセスのみを取り上げるものが主であった。それらは，それらが扱う認知プロセスのアイデア開発への応用に関わる重要な知見を提示していることは確かである。一方，開発実務においては当然ながら，ただ一種だけが用いられることはむしろ考えにくく，何種かの認知プロセスが混在して用いられているものであろう。しかしながらこれまでの研究において，複数種の認知プロセスを同時に扱い，それらの関係を明らかにしようとするものはほとんど見当たらない。

そこで本書では，先行研究の知見に依拠しつつ，それらを発展させるべく，複数種の認知プロセス，具体的には概念結合，アナロジ，視覚化（心的イメージ）活用の関係と，それらの相対的効果を明らかにすることを試みた。

2) ビジョニングによるアイデア創出の認知プロセスの観点から説明を試みている

さらに本書では，ビジョニングと呼ばれる，一種のアイデア開発のアプローチを取り上げた。ビジョニングとは，いったん理想の状態を描いた上で，その理想の状態を実現するためのものとして対象のアイデアを開発するものである。バックキャスティング，フューチャーセンター，フューチャーマネジメントなどと呼ばれるアプローチなども，ビジョニングに類するものとして見てよいだろう。またブランドのもとでの対象のアイデア開発も，ブランドの世界観を実現するものとしての対象のアイデアを開発することからやはり，ビジョニングに近いアプローチとして見ることができる。

このビジョニングは，新製品開発研究では，組織によるアイデア開発アプローチとして捉えられた上で，その知見が積み重ねられてきた。それに対して本

書では，ビジョニングもその認知プロセスに着目すれば，広義の概念結合の応用として見ることができると考えた。ここではビジョニングにより開発されるアイデアの質に影響を与える要因を明らかにすることを試みた。

3) 組織による創造性発揮における，個人の認知プロセスの役割を整理している

いうまでもなく開発者個人の認知プロセスは，あくまでもその個人による創造性発揮の要因の1つにすぎず，その個人の創造性発揮は，知識や動機づけなどの他の要因にも左右される。さらにその個人は，その個人が所属する集団あるいは組織からも影響を受ける。特に組織の多様性は，その組織メンバーである開発者個人の創造性発揮と関係するであろう。また開発組織の観点からは，個人の認知プロセスはその開発成功に貢献してはじめてその意義が生じる。そこで個人の創造性発揮のための認知プロセスの，組織による創造性発揮の要因全体，さらには開発成功要因の中での相対的役割とその操作のあり方を明らかにすることを試みた。

開発者によるアイデア開発の問題はまた，実務書では，「発想法」と呼ばれる分野で扱われている。「発想法」についての実務書は今日に至るまでにかなりの多くのものが発刊されているが，それはとりもなおさず，開発者自らによるアイデア開発の問題に対する関心の高さを表しているといってよいだろう。本書は，そのような「発想法」についての実務書と比較された時，次の点で一線を画する。

4) 認知プロセスとアイデアの質との間の因果関係に焦点を当てている

多くの発想法についての書籍は，一部を除き，認知プロセスの操作すなわち発想法と，それによるアイデアの質との間の因果関係を問題としていない。そのため，多くの場合，そもそも紹介される発想法の効果が必ずしも明らかではない。

対して本書はあくまでも要因としての認知プロセスとその結果としての創出されるアイデアの質との間の因果関係を明らかにすることを強く意識している。

また創造性に関わる認知心理学におけるこれまでの研究によって導かれた知見に依拠して，その因果関係についての仮説を導いている。その仮説の妥当性を，考え得る科学的な手続きで検証している。したがって，ここでその妥当性が検証された因果関係は，信頼に足るものである。

本書はごく単純な因果関係のみを扱っているように見えるかもしれない。しかしその一見単純な因果関係の存在可能性を積み重ねていくことが，より確実なアイデア開発効果を得ることにつながるものと考える。

5) 創造性に関わる認知プロセスのうち，ごく基本的なものに焦点を当てている

多くの発想法についての書籍は，創造性に関わるとされる多種多様な認知プロセスを扱っている。そのため，どれが基本的なもので，どれが応用なのか，それらは互いにどう関係するのか，アイデア創出や発想の原理は何かが必ずしも明らかではない。

対して本書では，創造性に関わる認知プロセスのうち，特に基本的でアイデア開発実務によく用いられると考えられる概念結合，アナロジ，視覚化（心的イメージ）のみを取り上げている。そしてその応用としてのビジョニングのみを取り上げている。これらに限定することで，創造性に関わる認知プロセスがどのようにアイデアの質に影響を及ぼすかの原理とその応用を考えることができる。

限られた認知プロセスしか議論していないために，1つの書籍から得られる知見としては物足りないかもしれない。しかしまず基本的な認知プロセスを理解すること，何が基本で何が応用かを整理して理解することが，開発実務に役立つと考える。

■ 2　本書の構成

本書はⅢ部からなる。第Ⅰ部は，「アイデア開発における視覚化，アナロジ，概念結合の活用とそれらの関係」をテーマとした。ここでは，新製品や新サービスのアイデア開発における創造性の発揮の問題，その中でも開発者の認知プロセスのあり方について，実験により調べた。創造性に関わる認知プロセスの

中でも特に代表的なものである視覚化，概念結合，アナロジの活用とそれらの関係について検討した。部の「はじめに」では，心的イメージ（視覚化），アナロジ，概念結合それぞれに関する研究潮流を確認した。その上で第1章では，視覚化とアナロジの活用それぞれのアイデア創造性の実現に対する効果とそれらの関係を検討し，第2章では，概念結合とアナロジの活用それぞれの効果とそれらの関係を検討した。部の「おわりに」では，第2章と第3章で得られた知見をまとめた。

　第Ⅱ部は，「ビジョニングによるアイデア創出」をテーマとした。新製品や新サービスのアイデア開発において，ビジョン（理想の状態）を想像した上で，対象についてアイデア開発を行うことがある。ここではそのようなアイデア開発について，そこでの開発者の認知プロセスを事例調査により探り，その効果的なあり方について，実験によって調べた。部の「はじめに」では，ビジョニングに関する研究知見をレビューした。その上で第3章では，ビジョニングによるアイデア創出における認知プロセスを探り，第4章では，その認知プロセスの理解をもとに，アイデア創造性の実現につながるビジョン想像のあり方を検討した。部の「おわりに」では，第3章と第4章で得られた知見をまとめた。

　第Ⅲ部は，「組織による創造性発揮と創造的認知」をテーマとした。開発者個人の認知プロセスは，その個人による創造性発揮の要因の1つであり，その個人はまた，その個人が所属する組織や集団の影響を受ける。さらに開発組織の観点からは，開発者個人の認知プロセスは開発成功要因の中で位置づけられるべきである。そこでここでは，開発者個人の認知プロセスの，個人および組織による創造性発揮の要因としての相対的位置づけ，および開発成功要因の中での相対的位置づけを検討した。部の「はじめに」では，第Ⅲ部の概要を述べ，第5章では，組織による創造性発揮の要因に関する研究知見をレビューした。その上で第6章では，組織の多様性と創造性との関係に関する先行研究をレビューした。そして第7章では，組織による開発成功要因を検討し，その中での開発者個人の認知プロセスの役割を検討した。部の「おわりに」では，第5章，第6章，第7章それぞれで得られた知見をまとめた。

　本書に収録された研究は，新製品開発，マーケティングおよびデザインを専

門とする磯野誠，臨床心理学を専門とする高橋佳代，経営組織論および人的資
源管理論を専門とする島田善道によって取り組まれた。第Ⅰ部は，『国民経済
雑誌』に掲載された査読論文である磯野・高橋（2019）およびデザイン学研究
に掲載された査読論文である磯野・高橋（2023）をもとに，第Ⅱ部は，『デザイ
ン学研究』に掲載された査読論文である磯野（2020），磯野・高橋（2022）をも
とに，本書の構成に応じた若干の編集を加えて記述された。第Ⅲ部中の第5章
は，磯野と島田により記述された。第6章は，島田により記述され，本書で初
めて紹介されるものである。第7章は，磯野（2018）をもとに，本書の構成に応
じた若干の編集を加えて記述された。

参 考 文 献

Finke, R. A., Ward, T. B., & Smith, S. M. (1992) *Creative Cognition: Theory, Research, and Applications*, The MIT Press（小橋康章（訳）(1999)『創造的認知—実験で探る
クリエイティブな発想のメカニズム』森北出版.)

磯野　誠 (2018)「中小企業による新製品開発の成功要因—開発成果に結びつく FE フェ
ーズ管理」『地域イノベーション研究』6，50-52.

磯野　誠 (2020)「ビジョニングによる製品アイデア創出における認知プロセス」『デザイ
ン学研究』67(2)，1-10.

磯野　誠・高橋佳代 (2019)「新製品アイデア開発における視覚化とアナロジ活用の効果」
『国民経済雑誌』220(6)，1-17.

磯野　誠・高橋佳代 (2022)「ビジョニングによるアイデア創出における効果的なビジョ
ン想像」『デザイン学研究』68(3)，63-72.

磯野　誠・高橋佳代 (2023)「創造的なアイデア開発のための概念結合とアナロジの活用
とそれらの関係」『デザイン学研究』69(4)，29-38.

目　　次

第Ⅰ部　アイデア開発における視覚化，アナロジ，概念結合の活用とそれらの関係

第Ⅱ部　ビジョニングによるアイデア創出

第Ⅲ部　組織による創造性発揮と創造的認知

第 I 部

アイデア開発における視覚化，アナロジ，概念結合の活用とそれらの関係

は じ め に

■ 1 問題意識

新製品・サービスの開発において，アイデアとは，その開発プロジェクトの
成否を左右する程の重要性を持つ（Ende et al. 2014）。そのアイデア開発に関す
る問題とは大きく，アイデアを創出・選択する開発者（組織内外含む）の創造性
促進に関するものと，開発されるアイデアの質評価・管理に関するものとに分
類できる（Ende et al. 2014）。

このうち開発者の創造性促進に関する問題に対しては主として，心理学的側
面や組織行動学的側面から検討されてきた（Ende et al. 2014）。しかしその心理
学的側面に含まれる認知プロセスについての知見は，未だ限られている
（Kalogerakis et al. 2010）。

認知心理学においては，創造性に関わる認知プロセスを扱う創造的認知研究
が存在し，Smith et al.（1995）は創造性の中でも人の認知プロセス自体の理解
は，特に基本的なものであり重要であると主張する。その創造的認知の中でも，
視覚化活用あるいは心的イメージ活用，アナロジ活用，概念結合活用はいずれ
も，中心的な認知プロセスとされ，関心を持たれてきた（Welling 2007；Finke et
al. 1992）。本研究では，この創造的認知プロセスとしての視覚化活用，アナロ
ジ活用，概念結合活用に関する知見を基盤として，アイデア開発における開発
者の創造性促進に繋がる認知プロセスの理解に貢献したい。

これまでの研究において，視覚化活用については，磯野（2011）が視覚化活
用のアイデア創造性への効果の存在を示唆した。一方，アナロジ活用について
は，Dahl & Moreau（2002）や Kalogerakis et al.（2010）がそのアイデア創造性
実現に対する効果とそれが有効である条件を明らかにした。また概念結合活用
については，Mobley et al.（1992）が，それにより創出されるアイデアの創造性
の程度（以下，アイデア創造性）に対する効果を明らかにした。

このようにこれまでの研究において視覚化活用，アナロジ活用，概念結合活
用の議論はそれぞれ別になされてきており，それらの関係や同時になされる状

況を積極的に扱ったものは一部以外に見当たらない。しかし開発実務上では視覚化活用のみ，アナロジ活用のみ，あるいは概念結合活用のみの場合だけでなく，それらが併せて活用される場合も当然考えられ，また創造的結果を得るためには複数種の認知プロセスを活用することが推奨される（Welling 2007）。

　その上，開発実務において望ましい開発成果を得るためには，そのような認知プロセスの理解に加えて，開発者がそのような認知プロセスを実際に駆動し創造性を発揮するように，開発者を促し得るのかを理解することは重要となる（Dahl & Moreau 2002）。人の創造性発揮をいかに促し得るかとは，一連の創造性研修研究が取り組む問題であるが，それらは促す対象となる認知プロセスを含む創造性要素の性質の理解を元にしている（Scott et al. 2004）。そのために先行研究においては，人の創造性発揮とは促し得るものであること自体は示されるものの（Scott et al. 2004），本研究が関心を持つ新製品開発の文脈上での視覚化活用，アナロジ活用あるいは概念結合活用の関係を踏まえて，それらを促し得るかについて議論するものは一部を除き見当たらない。

　そこで本研究では，新製品アイデア開発のための開発者の創造性促進に関する知見拡張に貢献すべく，創造的認知研究に依拠し，視覚化活用，アナロジ活用，概念結合活用に関する知見をレビューした上で，それらの効果，関係，そしてそれらを促し得るかを明らかにすることを目的とし，実験によりその知見を導くことを意図する。

■ 2　心的イメージ研究，アナロジ研究，概念結合研究の潮流

　本研究が注目する視覚化活用，アナロジ活用，概念結合活用とはいずれも，認知心理学研究における伝統的な心的イメージ研究，アナロジ研究，概念結合研究によって蓄積されてきた知見の延長線上にある。そこでここでは，それらの概略をレビューする。

1）心的イメージ研究

　心的イメージ研究は，1960年代に言語的表象と視覚的表象との区別が意識された後，心的表象物，すなわち心の中に浮かび上がるものとしての性質や認知的機能の理解について進展してきた（Johnson-Laird 1998）。ここで特に関心を

集めた問題とは，心的イメージそのものの性質に関することであり，Pylyshyn
(1973) が主張したように，心的イメージとは上位の表象システムの付随的なも
ので，単にその人の考えを反映したものであるのか，あるいは Kosslyn et
al.（2006）が主張したように，心的イメージとは心的表象として独立した媒体
であり，別個の表象システムであるのかという点であった。Pylyshyn（1973）
の主張によれば，心的イメージそれ自体から知識は引き出されず，それが新し
い発見をもたらすことはないが，Kosslyn et al.（2006）による主張では，心的
イメージはそれ自体から知識が引き出され得る情報を内包し，それが新しい発
見をもたらし得るとされる（Kosslyn et al. 2006）。創造的認知を展開する Finke
et al.（1992）による，心的イメージの心的合成が新しい発見をもたらすとの知
見は，この Kosslyn et al.（2006）による主張の延長線上に提示された。

2）アナロジ研究

　アナロジ研究は，1980 年代に，心理学分野においてアナロジ推論のメカニズ
ムが説明され，また人工知能分野においてアナロジ学習のメカニズムが説明さ
れて以来，進展してきた（Gentner & Holyoak 1997）。課題解決の分野の先行研究
によっては，アナロジとは創造的発見，意思決定や課題解決等のために自発的
に駆動する推論プロセスであり，ある課題に対し何らかの既知のものとの類似
性を手がかりにして，その課題を解いたり理解したりしようとする特徴を持つ
と説明される（Gentner & Holyoak 1997；Holyoak & Thagard 1995）。その研究の
関心は主に，そのメカニズムの解明，その機能，それが駆動する条件，その知
能発達における役割等にあった（Holyoak & Thagard 1995）。

3）概念結合活用研究

　概念結合研究は，1970 年代の認知心理学および同年代の言語学に源流を持つ。
認知心理学においては，個々の概念の意味が人の記憶上に表れる過程の理解の
試みから（Hampton 1996），言語学においては，人の言語拡張過程の理解の試み
から（Downing 1977），それぞれ進展してきた。概念結合のプロセスは，知識表
象の中心にあり，複合的な名詞句の意味とそれを構成する各部の意味とはどの
ような関係にあるのか，複雑な知識表象とはいかにして単純な概念から構成さ

れるのか（Hampton 1996），あるいはそれはどのようにしてコミュニケーションに用いられるのか（Wisniewski 1997）といった問題に関わるものであるゆえに関心を持たれてきた。

　概念は，ある対象について最も共通する事例として記憶されているとの主張（Murphy & Medin 1985）をもとに，概念結合の説明が試みられてきた。概念結合の類型としていくつかが説明されてきたが，当初はいずれの型においても，もとの語の概念の属性が，結合語にも引き継がれると説明されてきた。しかしその後，結合語には，もとの語の概念にはなかったような属性を伴う場合があることが指摘されるに至り（Hampton 1996），その後の概念結合の創造性側面の研究関心に発展していった（Wisniewski 1997；Ward 1994）。

4）各研究潮流の独立性と認知プロセス間関係の理解の必要性

　心的イメージ研究は心的イメージそのものの性質や認知的機能の理解に，アナロジ研究は一種の推論法としてのアナロジのメカニズムや条件の理解等に，概念結合研究は知識表象の拡張プロセスの理解にと関心を持ち，それらはそれぞれほぼ独立して進展してきた。認知の創造的側面を取り上げ体系づける創造的認知研究においては，視覚化活用，アナロジ活用，概念結合活用はいずれも，創造性の発現に関わる認知プロセスの一種として説明されるが（Finke et al. 1992），これまでの創造的認知研究も，あくまでも伝統的心的イメージ研究あるいはアナロジ研究の延長線上にある以上，それらの関係を直接扱ってきてはいない。その上，新製品開発研究やデザイン研究においてもこれまでのところ，視覚化活用，アナロジ活用，概念結合活用の議論はほぼそれぞれ別になされてきている。しかしアイデア開発の観点からは，上述のようにそれらを創造的認知プロセスとして同時に扱うことの意義があるものと考えられる。

　そこで以降では，アイデア開発における視覚化，アナロジ，概念結合それぞれを活用したときの効果，それらの関係，それらの活用を促し得るかについての検討を行う。ただしその3つの認知プロセスを同時に扱うことはその調査を複雑にするために難しい。そこでまず，これまでの新製品やサービス開発研究において比較的多く扱われてきているアナロジ活用をもとにして，第1章では視覚化活用とアナロジの活用について，第2章では概念結合活用とアナロジの

活用について，それぞれ進める。

参 考 文 献

Dahl, D. W., & Moreau, P. (2002) "The Influence and Value of Analogical Thinking During New Product Ideation," *Journal of Marketing Research*, 39, 47-60.

Downing, P. (1977) "On the Creation and Use of English Compound Nouns," *Language*, 53(4), 810-840.

Ende, J. van den, Frederiksen, L., & Prencipe, A. (2014) "The Front End of Innovation: Organizing Search for Ideas," *Journal of Product Innovation Management*, 32(4), 482-487.

Finke, R. A., Ward, T. B., & Smith, S. M. (1992) *Creative Cognition: Theory, Research, and Applications*, The MIT Press. (小橋康章 (訳) (1999)『創造的認知—実験で探るクリエイティブな発想のメカニズム』森北出版.)

Gentner, D., & Holyoak, K. J. (1997) "Reasoning and Learning by Analogy," *American Psychologist*, 52(1), 32-34.

Hampton, J. A. (1996) "Conceptual Combination," In: Lamberts, K., & Shanks, D. (Eds.) *Knowledge, Concepts and Categories*, UCL Press, 133-160.

Holyoak, K. J., & Thagard, P. (1995) *Mental Leaps: Analogy in Creative Thought*, The MIT Press.

Johnson-Laird, P. N. (1998) "Imagery, Visualization, and Thinking," In: Hochberg, J. (Eds.) *Perception and Cognition at Century's End 2nd ed.*, Academic Press, 441-467.

Kalogerakis, K., Luthje, C., & Herstatt, C. (2010) "Developing Innovations Based on Analogies: Experience from Design and Engineering Consultants," *Journal of Product Innovation Management*, 27, 418-436.

Kosslyn, S. M., Thompson, W. I., & Ganis, G. (2006) *The Case for Mental Imagery*, Oxford University Press. (武田克彦 (監訳) (2009)『心的イメージとは何か』北大路書房.)

Mobley, M. I., Doares, L. M., & Mumford, M. D. (1992) "Process Analytic Models of Creative Capacities: Evidence for the Combination and Reorganization Process," *Creativity Research Journal*, 5(2), 125-155.

Murphy, G. L., & Medin, D. L. (1985) "The Role of Theories in Conceptual Coherence," *Psychological Review*, 92(3), 289-316.

Pylyshyn, Z. W. (1973) "What the Mind's Eye Tells the Mind's Brain: A Critique of Mental Imagery," *Psychological Bulletin*, 80, 1-24.

Scott, G., Leritz, L. E., & Mumford, M. D. (2004) "The Effectiveness of Creativity Training: A Quantitative Review," *Creative Research Journal*, 16(4), 361-388.

Smith, S. M., Ward, T. B., & Finke, R. A. (1995) "Cognitive Process in Creative

Contexts," In: Smith, S. M., Ward, T. B., & Finke, R. A. (Eds.) *The Creative Cognition Approach,* The MIT Press, 1-5.

Ward, T. B. (1994) "Structured Imagination: The Role of Category Structure in Exemplar Generation," *Cognitive Psychology,* 27, 1-40.

Welling, H. (2007) "Four Mental Operations in Creative Cognition: The Importance of Abstraction," *Creativity Research Journal,* 19, 163-177.

Wisniewski, E. J. (1997) "Conceptual Combination: Possibilities & Esthetics," In: Ward, T. B., Smith, S. M., & Vaid, J. (Eds.) *Creative Thought: An Investigation of Conceptual Structures & Processes,* American Psychological Association, 51-81.

磯野　誠（2011）「創造的視覚化を活用する新製品コンセプト開発」『季刊マーケティング・ジャーナル』120, 43-58.

第
Ⅰ
部

第Ⅱ部

第Ⅲ部

第1章

視覚化とアナロジ活用
それぞれの効果とそれらの関係

　本章では，アイデア開発における，視覚化活用とアナロジ活用それぞれの効果，それらの関係，およびそれらを促し得るかについて検討する。第1節において，心的イメージおよびアナロジに関する先行研究レビューをもとに，視覚化およびアナロジの活用とそれらの関係についての仮説を導出する。第2節において仮説検証のための実験概要を示し，第3節においてその結果を示す。第4節において結果を考察し，第5節において知見をまとめる。

1　理論背景

■　1-1　視覚化活用とアナロジ活用の定義

1）視覚化活用の定義

　視覚化活用とは，心的イメージを用いることであり，それが心的に合成されたり変形されたりするとその結果から，斬新性，曖昧性，創発性といった側面を持つ創造的発見がもたらされ得る（Finke et al. 1992；Freyd & Pantzer 1995）。特に心的イメージとは，記憶から再生あるいは形づくられた情報に基づく表象であり，それは言語的記述以上の心の中の絵のようなものとされる（Kosslyn et al. 2006）。それは常に解釈の対象でありそれに含まれる情報から知識が引き出され得る（Kosslyn et al. 2006）。

　そこでここでは，視覚化活用を次のように定義する。すなわちそれは，ある2つ以上の異なる心的イメージを心的に合成させることにより，あるいは心的イメージの部分や全体を変形させることにより，その結果として何らかの創造的発見を得る試みである。

2) アナロジ活用の定義

Gentner & Markman（1997）によれば，ある2つの概念が互いにある構造上の類似点を持つとき，それらの間にアナロジが存在する。Finke et al.（1992）によれば，片方の概念（ベース）における見慣れた構造（の知識，以下，構造）がもう片方の概念（ターゲット）へ転送されることで，結果としてその見慣れた構造と類比的な構造を内在する新たな概念がもたらされる。

そこでここでは，Finke et al.（1992）に依拠し，アナロジ活用を次のように定義する。それは，アナロジが存在するある2つの概念において，片方の概念（ベース）に内在する構造を，もう片方の概念（ターゲット）に転送することにより，何らかの創造的発見を得る試みである。

ここでは，知識が転送される以上，ベースとターゲット間にある程度の距離（遠さ）があることが前提となる（Holyoak & Thagard 1995）。

3) 視覚化活用とアナロジ活用の違い

創造的認知プロセスとしての視覚化活用による心的イメージの心的合成・変形と，アナロジ活用とは，ともにそれによってその含意の解釈の対象となる構造が生成されるものであるが，それらの違いとは次のように整理されよう。すなわち視覚化活用では，心的イメージが用いられ，その合成・変形により構造が導かれる。対してアナロジ活用では，心的イメージが用いられるか否かは問題とされない一方，ベースとなる対象の知識とターゲットとなる対象の知識との区別がある上，ベース知識のターゲット知識への転送により構造が導かれる。

次節では創造的認知プロセスとしての視覚化活用とアナロジ活用の効果，およびそれらの促進についての先行研究知見をレビューし，本研究課題の観点における限界を整理する。

■ 1-2 視覚化活用，アナロジ活用の効果
1) 視覚化活用の効果

Finke & Slayton（1988）は，実験において被験者があるごく単純な図形を与えられたとき，それらを組み合わせることで，何らかの新たな認識可能で創造的と判断されるものを特定することができることを示した。その上で，心的イ

メージの心的合成の試行とその結果の解釈の探索が，創造的なアイデアの特定に至ることを主張した。Finke（1990）は，Finke & Slayton（1988）と同様の実験方法で，被験者により時間を与えると，より確実に創造的なアイデアの特定に至ることを示した。ここでは被験者は，より時間があったがゆえにより心的イメージの心的合成の試行とその結果の解釈の探索を行ったことが想定される。それを踏まえればこれらから，より心的イメージの心的合成・変形を試行すること，すなわち視覚化活用することが，より創造的なアイデアの特定に至ることが考えられるが，その検証はなされていない。

また新製品開発の文脈において磯野（2011）は，アイデアの視覚化によって，新たな創造的なアイデアが生じ得ることを指摘した。ここでのアイデアの視覚化とは，元のあるアイデアを，別のアイデアを用いることで視覚化することと説明される。そして Csikszentmihalyi（1996）による，異なるアイデアの組み合わせの試行が創造的なアイデアを生じさせるとの知見に依拠し，その視覚化においても，元のアイデアと視覚化のために用いられるアイデアの組み合わせが試行されることにより，新たな創造的なアイデアが生じ得ると説明される。これは，視覚化ゆえに視覚的表象および心的イメージを扱うものであり，元のアイデアに伴う心的イメージと，視覚化のために用いられるアイデアに伴う心的イメージとの心的合成が試行されることによると理解すれば [1]，Finke & Slayton（1988）と整合し，かつ視覚化活用の効果が実態的にも存在することを示唆する。しかしこの因果関係の知見は，事例研究によって探索的に見出されたものであり，その妥当性は検証されていない。そこで次のように仮説を設定する。

仮説1　より視覚化活用をすることは，より高いアイデア創造性に結びつく。

2）アナロジ活用の効果

Dahl & Moreau（2002）は，新製品開発の文脈において，よりベース・ター

[1] Csikszentmihalyi（1996）において，アイデアとは，思いつくもの全般を意味し，時に心的イメージを含むものとして説明される。

ゲット間知覚距離の遠いアナロジ活用をすること，すなわちよりアナロジ活用をすることが，より高いアイデア創造性に結びつくことを示した。その後，Kalogerakis et al. (2010) は，開発者を対象とした定性インタビュー調査を通して，実態的にもよりアナロジ活用をすることは，それにより創出されるアイデアのオリジナリティ実現に貢献していることを導いた。これらを確認するために，次のように仮説を設定する。

仮説2　よりアナロジ活用をすることは，より高いアイデア創造性に結びつく。

---

3) 視覚化活用とアナロジ活用の効果の関係

　心的イメージは，心的イメージを抱くことが，その心的イメージに関する知識の想起を促すという性質を持つことが説明されるが (Kosslyn et al. 2006)，Beveridge & Parkins (1987) は図が適切であれば，すなわち適切な心的イメージの活用がなされれば，それが適切なスキーマの想起の手がかりとなり，アナロジ活用による課題解決を促すことを示した。しかしながら彼らが取り組んだ課題とは，正解のある課題に対して，被験者はそれを解くためのあるいわば「正しい」アナロジ活用ができるか，すなわち課題を解くために必要となるある定まったベースを思いつくことができるかというものであった。

　一方，新製品開発の実務においては，Kalogerakis et al. (2010) が前提するように，あるアイデア開発課題があるとき，その正解は特に定まらず，活用すべきアナロジも定まらない[2]。よってこの Beveridge & Parkins (1987) の知見の新製品開発への展開を考えるときには，自らの視覚化活用が，アナロジ活用による，より創造性の高いアイデアを創出するという正解の定まらない課題を解くことを促すか（影響を強めるか）について，検討する必要がある。自らの視覚化活用が，すなわち自ら構成した心的イメージが，適切であるとき，それは，

---

2) Kalogerakis et al. (2010) は，実務においては，何らかのより新しいものがアイデアとして求められ，そのために開発者によってさまざまなアナロジが活用されていることを示した。

アナロジ活用によるより創造性の高いアイデアを創出するという正解の定まらない課題を解くことに，影響を強めることが考えられる。そこで次のように仮説を設定する。

仮説3　視覚化活用は，アナロジ活用によるアイデア創造性への影響を強める。

■ 1-3　視覚化活用，アナロジ活用の促進

1) 視覚化活用の促進

Finke & Slayton (1988)，Finke (1990) は，被験者に心的合成するものは与えるものの，どのように合成するのかは指示しなくとも彼らは，新たな創造的発見となるような心的合成を自発的にすることができることを示した。その上でその Finke & Slayton (1988) や Finke (1990) では，課題は「何らかの認識できるものをつくること」(Finke & Slayton 1988)，「役に立ちそうなものを考えること」(Finke 1990) といった抽象的なものであり，また心的合成の元となるものはあらかじめ与えられていた。しかし新製品開発の文脈においては，取り組むべき課題は何を開発するかは定まっているものである一方，心的合成の元となるものがあらかじめ与えられるわけではない。したがってある課題に対し，人が自ら，心的合成のもととなるものを想起した上で，心的合成を試みることができるのかは検討の余地がある。

一方，Scott et al. (2004) や Finke et al. (1992) は，人の創造性発揮を促すために，一般的に創造的認知プロセスの活用を意識づけることを提案しているが，視覚化活用自体についてはその効果の検証はなされていない。ここで創造的認知プロセスを意識づけるとは彼らに依拠すれば，人が対象の認知プロセスを理解し，開発課題に対して用いようとすることである。特に Scott et al. (2004) はその意識づけのためには例示が重要であることを指摘する。この主張に従えば視覚化活用は，そのことを意識づけることで促せば，人は視覚化活用に至ることが考えられる。そこで次のように仮説を設定する。

> 仮説 4　視覚化活用を促した時，促さなかった時よりもより視覚化活用
> がなされる。

2）アナロジ活用の促進

　Holyoak & Thagard（1995）は，人はある課題に接した時，その解くべき課題（ターゲット）を意識し，それと何らかのもの（ベース）との類似性を見出し，さらにその課題とそのものに内在する同一の構造を見出したならば，その課題を解くに際し，自らアナロジ活用を行うと主張した。このことに対してやはりScott et al.（2004）に依拠するとき，アナロジ活用は，それを意識づけることで促せば，人はその課題に対して何らかとの類似性と共通する構造を見出し，アナロジ活用に至ることが考えられる。そこで次のように仮説を設定する。

> 仮説 5　アナロジ活用を促した時，促さなかった時よりもよりアナロジ
> 活用がなされる。

3）視覚化活用促進とアナロジ活用促進の関係①：両方の促進

　仮説 4 と仮説 5 に加えて，人は，視覚化活用とアナロジ活用の両方が促された時に，それら 2 つの異なる認知プロセスを意識し，その両方の活用に至るのかについて検討の余地がある。Welling（2007）は，事例研究から，特に創造的なアイデアの特定に至る前段階では，人は視覚化活用やアナロジ活用等を含む異なる認知プロセス活用の積み重ねをしていることを主張した。それは異なる認知プロセス活用の積み重ねが，拡散的思考，すなわちいくつかの異なる方向の探索となり，創造的なアイデアとなり得る多数のアイデアやアイデアの組み合わせの発見に至るがゆえである（Welling 2007；Finke et al. 1992）。そしてこれは人は，自発的にそれら二種の認知プロセスの両方を並行して活用することができることを示唆する。

　Scott et al.（2004）は上述のように，一般的に創造的認知プロセスを促すことの提案をしているが，複数種の認知プロセスを同時に促すことについては議論

していない。本研究が焦点を当てる視覚化活用とアナロジ活用の両方を意識づけることで促せば，人はそれら両方の活用に至るのかについて，検討する余地がある。そこで次のように仮説を設定する。

仮説6　視覚化活用とアナロジ活用の両方を促した時，視覚化活用を促さなかった時よりもより視覚化活用がなされ，かつアナロジ活用を促さなかった時よりもよりアナロジ活用がなされる。

---

4) 視覚化活用促進とアナロジ活用促進の関係②：視覚化活用促進によるアナロジ活用

さらに仮説3と関連し，視覚化活用を促すことが，（視覚化活用に加え）アナロジ活用にも至るのかについての検討の余地がある。新製品開発の文脈における開発課題においては，直接的にアナロジ活用を促す代わりに，視覚化活用を促すことでも，人はそれによって自らが構成した心的イメージをもとにして，何らかのもののスキーマを想起し（Kosslyn et al. 2006），そのもののスキーマにターゲットとなる課題との類似性とそれらに共通する構造を見出すとき，そのものをベースとした自発的なアナロジ活用に至ることが想定される（Holyoak & Thagard 1995）。したがって，Scott et al. (2004) に依拠し，視覚化活用を意識づけることで促すことが，アナロジ活用にも至ることが考えられる。そこで次の仮説を設定する。

仮説7　視覚化活用を促した時，促さなかった時よりもよりアナロジ活用がなされる。

以上の仮説は，次のようにまとめられる。

仮説1と2はそれぞれ，視覚化活用あるいはアナロジ活用の，アイデア創造性に対する効果を想定するものである。仮説3は，視覚化活用とアナロジ活用が同時になされたとき，視覚化活用が，アナロジ活用によるアイデア創造性に与える効果に影響を及ぼすことを想定するものである。

仮説4と5はそれぞれ，視覚化活用あるいはアナロジ活用を促すことが，実際の視覚化あるいはアナロジの活用に至ることを想定するものである。仮説6は，視覚化活用とアナロジ活用が同時に促された時，やはり視覚化活用とアナロジ活用の両方に至ることを想定するものである。仮説7は，視覚化活用が促された時，（視覚化活用だけでなく）アナロジ活用に（も）至ることを想定するものである。

2　実　　験

　本仮説の検証は，アイデア開発の実験によることとした。その実験とは，視覚化活用を促す群（以下，V群），アナロジ活用を促す群（以下，A群），視覚化活用およびアナロジ活用の両方を促す群（以下，VA群），コントロール群（すなわち促進なし，以下，C群）に分けられた被験者の，アイデア開発課題に対する反応を評価するものである。

　具体的には，仮説1〜3については，アイデア開発において被験者によってなされた視覚化（スケッチ）記述，創出されたアイデア記述から読み取れる視覚化活用程度と，アナロジ活用程度，およびそれらの交互作用を独立変数とし，アイデア創造性を従属変数とした重回帰分析を行うこととした。

　仮説4〜7については，群ごとの，視覚化活用程度の平均値，およびアナロジ活用程度の平均値を比較することとした（一元配置分散分析）。

■ 2-1　被験者とアイデア開発課題

　実験では，仮説で設定した要因以外の要因の結果への影響を最小限とする必要がある。その上，本実験の場合，アイデア開発実務の環境にできるだけ近い方が，得られる知見の妥当性が高まる。

　本実験は，開発実務者を被験者とすることが適当であるが，同程度の知識を持った実務者を数多く集め，同質の環境条件のもとで実施することは困難である。そこでアイデア開発に主体的に関わる企画職を想定し，経営学部生を対象とした[3]。

　また環境条件を同質とするために，アイデア開発の演習として行った。

　アイデア開発課題として，若者に向けた新たな消臭芳香剤製品を選択した。その理由として，実践的でありかつ，消臭芳香剤は，新便益・新用途訴求の余地が多い一方，被験者のような若者をターゲットとしたものは未だ少ない [4]，それゆえに被験者にとって多様なアイデアを出しやすいことが考えられたからである。

■ 2-2　実験手順概要
1）実　　験

　本実験は，大学経営学部において開講された初学年次向マーケティング関連科目受講生 159 人を対象とし，演習の一環として，2015 年 10 月 15 日に実施された [5]。その実施手順は次の通りである。

　まず被験者をランダムに部屋 a と部屋 b に分け，部屋 a の被験者には，アイデア開発課題記述（図 1-1）およびアイデア記述用紙と，視覚化活用促進記述（図 1-2）か，両方促進記述（図 1-4）のいずれかを与え，部屋 b の被験者には，同じアイデア開発課題記述（図 1-1）および同じアイデア記述用紙と，アナロジ活用促進記述（図 1-3）を与えるか，何も促進記述を与えなかった。それらの促進記述を与えた・与えなかったことをもって，対応する視覚化活用・アナロジ活用を促した・促さなかったこととした。

　部屋 a の被験者には，視覚化活用の促進として，その視覚化活用促進記述あるいは両方促進記述に加え，Scott et al.（2004）に依拠し，実験実施者である著者の一人が被験者に，部屋前方にある白板を用いて視覚化活用を例示した。被験者を部屋 a と部屋 b に分けたのは，その視覚化活用例を視覚化活用促進ある

3）アイデア開発を含む製品開発に主体的に関わる組織は，マーケターとエンジニアを中心として構成される（Crawford 1991）。したがって本調査では，マーケターによるアイデア開発関与を想定して，マーケティング関連科目を学ぶ経営学部生を対象とした。

4）『富士経済トイレタリーグッズマーケティング要覧』2016, No.1 より。

5）本実験はマーケティング関連科目受講生による製品開発演習の一環として行われたが，それはそれにより，各被験者の製品開発に関する事前知識ができるだけ同程度となることを意図した。Dahl & Moreau（2002）も同様に，被験者を製品開発関連科目受講生としている。

若い世代の消臭・防臭と芳香ニーズへの対応
　—○○の新しい製品ブランド・ラインナップ
潜在ニーズおよび背景：
　ファブリーズ，リセッシュ，レノア，といったブランドにより，部屋や身の回りの嫌なニオイをとったり防いだりし，いい香りを楽しむというニーズはより拡大しつつあります。しかしこれまでこのようなニーズは家事の延長から感じられるもので，主に主婦が主体でした。一方，20代のより若い世代でも，身の回りの嫌なニオイをとり香りを楽しむというニーズを潜在的にもっている人も多いと思われるものの，既存のブランドでは従来の主婦を対象としているために，実際にそれらブランドを購買している人は未だ，あまり多くいません。
　そこで，P＆Gや花王などの主要メーカーからの新しい製品ブランド・ラインナップとして，若い世代にとっての，そのような身の回りの嫌なニオイをとりいい香りを楽しむといったようなニーズに対応し，ある程度の市場形成に結びつく可能性のあるような製品アイデアを考えて下さい。
対象顧客：
　ニオイを気にする，あるいは香りに敏感であるものの，まだ積極的に既存のブランドを使用していない20代前半男女です。
製品評価基準：
　その製品は，その対象顧客にとって，新しく，実用的で，効果的である必要があります。また製品アイデアは現在の技術で実現可能な見通しがあることが必要です。

図1-1　アイデア開発課題記述

　新製品アイデア開発にあたり，視覚化を活用することが，より創造的なアイデアの創出を促すといわれています。視覚化を活用するとは，頭に浮かんだ概念やアイデアや知識の断片を，ごく簡単な絵や図や形にして表してみたり，さらにそれらを色々と組み合わせてみたりすることで，その表したものをヒントとして，アイデアを思いつくことです。
　開発課題に対して視覚化（絵，図，形で表現，それらの組み合わせ）を活用して，新製品アイデアを創出して下さい。

図1-2　視覚化活用促進記述

　新製品アイデア開発にあたり，アナロジを活用することが，より創造的なアイデアの創出を促すといわれています。アナロジを活用するとは，開発すべき対象に対して，それと形や機能や構造が似ているが，全く違うものをヒントとして，アイデアを思いつくことです。例えば，「これが──のようであれば，──」等と類推することです。
（新しいチョコレート製品開発課題に対して：チョコレートが宝石のようであれば→「ゴディバチョコレート」（高級チョコレート））
（新しい消臭芳香剤製品開発課題に対して：消臭芳香剤が現代建築のようであれば→「現代建築のようなすっきりとしたデザインの消臭芳香剤」）
（新しいスポーツシューズ製品開発課題に対して：スポーツシューズが風船のようであれば→「ナイキ・エア」（空気を閉じ込めたクッションを備えたシューズ））
　開発課題に対して，アナロジを活用して，新製品アイデアを創出して下さい。

図1-3　アナロジ活用促進記述

　新製品アイデア開発にあたり，①視覚化と，②アナロジを活用することが，より創造的な
アイデアの創出を促すといわれています。
　①視覚化を活用するとは，（以下，視覚化活用促進記述と同じ）

　②アナロジを活用するとは，（以下，アナロジ活用促進記述と同じ）

　開発課題に対して，①視覚化（絵，図，形で表現，それらの組み合わせ）を活用し，かつ
②アナロジを活用して，新製品アイデアを創出して下さい。

図 1-4　両方促進記述

いは両方促進記述を与える被験者にのみに示すことを意図したからである。

　そして両部屋の被験者に，1 時間で，課題のアイデアを開発し，アイデア記述用紙に記述するように指示した。

　アイデア開発課題記述，視覚化活用促進記述，アナロジ活用促進記述，両方促進記述とは，図 1-1〜1-4 の通りである。アナロジ活用促進記述には，Scott et al.（2004）に依拠し，アナロジ活用の例示を含め，また Holyoak & Thagard（1995）に依拠し，開発課題に対して探索するベース知識との類似性，それらに内在する構造の共通性を見出すことを意識づけるために，「……開発すべき対象に対して，それと形や機能や構造が似ているが……」との記述を加えた。

　その後，開発された全アイデアを回収した。

　操作化チェックのために，視覚化活用意識程度とアナロジ活用意識程度を聞くアイデア開発後アンケートを全被験者に配布し，記入させ回収した。

　その結果，不完全回答アイデアを除外した有効回答アイデアは部屋 a で行った V 群 41 人と VA 群 36 人，部屋 b で行った A 群 36 人と C 群 38 人それぞれによる，全 151 アイデアとなった[6]。

2）視覚化活用，アナロジ活用の評価
　回答アイデアの視覚化活用およびアナロジ活用の評価については，調査アシ

6）不完全回答アイデアとは，アイデア開発後アンケート回答が不十分なもの，途中入室者によるもの，明らかに課題を誤解していると思われる者によるものである。

スタント２人によった[7]。彼らがそれぞれ，全アイデアにおけるそれらを評価した。

視覚化活用の操作については，Finke & Slayton（1988）を参考とし，本研究で独自に，視覚化（心的イメージの心的合成・変形）試行の程度を取り上げた。具体的には，被験者によるアイデア記述から読み取れる視覚化活用程度（5点法，視覚化活用が最も消極的でアイデア記述用紙に全くかほとんど視覚化記述がない（1），視覚化活用が最も積極的でアイデア記述用紙に隙間がないほど多く視覚化記述がある（5））を評価した。

アナロジ活用の操作については，Dahl & Moreau（2002）に依拠し，アナロジの距離次元を取り上げた。具体的には，被験者によるアイデア記述から読み取れるアナロジ活用程度（5点法，ターゲットとベース間距離が最も近い（1），例えばターゲットが課題である新しい消臭芳香剤製品で，ベースが既存消臭芳香剤製品，ターゲットとベース間距離が最も遠い（5），例えばターゲットが課題である新しい消臭芳香剤製品で，ベースがある芸能人）を評価した。

視覚化活用程度に対する2人による評価得点の α 係数は0.94，アナロジ活用程度に対しては0.81となり，それらの内的整合性を確認した。その上でその2人によるそれぞれの評価得点の平均値を算出し，各アイデアの視覚化活用程度およびアナロジ活用程度に関する評価とした。

3）視覚化活用意識およびアナロジ活用意識の評価

視覚化活用意識およびアナロジ活用意識の操作については，Scott et al.（2004）を参考とし，本研究で独自に，被験者がアイデア開発の際に抱いた視覚化活用意識程度あるいはアナロジ活用意識程度（7点法，「視覚化をよく活用した」あるいは「アナロジをよく活用した」に対する，全く当てはまらない（1），非常に当てはまる（7））を評価した。

これら測定尺度をアイデア開発後アンケートに反映させた。被験者によるアンケートに記入された評価得点をもって，被験者の概念結合活用意識およびア

7）調査アシスタントは，高学年次向マーケティング科目履修済の経営学部3年生であった。

ナロジ活用意識に対する評価とした。

4) アイデア創造性の評価

　アイデアの創造性については，顧客評価によった。評価者，評価方法は，Dahl & Moreau（2002）を参考とし，本アイデア課題の顧客となるような人14人によった[8]。その顧客14人がそれぞれ，次の操作定義に沿って評価した。

　アイデアの創造性の操作定義について，Csikszentmihalyi（1996）は，創造性を，新規性あるいは独創性のあるものと概念定義する一方，Dahl & Moreau（2002）は独創性を取り上げ，Goode et al.（2012）も，新規性を製品全体評価の先行要因として位置づけ取り上げている。製品新規性とは消費者のその革新性の理解に重要な役割を担う（Mugge & Dahl 2013；Talke et al. 2009）。したがって本調査でも，創造性の新規性側面を取り上げ，その操作定義を Goode et al.（2012），Dahl & Moreau（2002）を参考とし，「全く普通でない」「革新的だ」「他の製品と全く異なる」「独創的な問題解決方法だ」の4項目からなるものとした。その上でその4項目それぞれについて評価した（7点法，全く当てはまらない（1），非常に当てはまる（7））。

　その4項目それぞれに対する14人による評価得点のa係数は0.82以上であり，それらの内的整合性を確認した。そしてその4項目それぞれの14人による評価得点の平均値を算出した。その4項目の評価得点について，因子分析（最尤法，Promax回転）を実施し，予想通り1因子構造であることを確認した。またそのa係数は0.98であり，その内的整合性を確認した。その上でその4項目の平均値を算出し，各アイデアの創造性に関する顧客評価とした[9]。

8）その14人は，アイデア開発課題に取り組んだ学生とは別の大学生であり，「消臭や芳香に関心がある」の質問に対して7点法（全く当てはまらない（1），非常に当てはまる（7））において5以上を答えたものであった。

9）プリテストの結果より，視覚化活用程度とアナロジ活用程度の評価は，評価者にとって7点法よりも5点法による方が評価しやすいことが理解されたため，5点法を採用した。それら以外のアイデアの顧客評価等は，評価者にとって7点法によることで特に問題がなかったため，先行研究にならい7点法を採用した。

　有効回答アイデアの顧客評価得点，視覚化活用程度得点，アナロジ活用程度評価得点，および視覚化活用意識得点，アナロジ活用意識得点を合わせてデータセットを作成し分析を進めた。

■ 3-1　操作化チェック

　各群に属する被験者が，対応する促進記述を理解し，それぞれの活用の意識をしたかについて確認するために，促進群毎の，視覚化活用意識とアナロジ活用意識の平均値および標準偏差値を調べた。

　その結果，V群に属する被験者の視覚化結合活用意識平均値は4.85，標準偏差値は1.13，A群に属する被験者のアナロジ活用平均値は4.19，標準偏差値は1.14となった。VA群に属する被験者の視覚化結合活用意識平均値は4.47，標準偏差値は1.52，アナロジ活用平均値は3.52，標準偏差値は1.48となった。それらの値から，各促進群に対応する操作は有効に行われたと判断した。

■ 3-2　仮説1〜3の検討

　仮説1〜3の検証では，アイデア開発における実際の視覚化活用の程度とアナロジ活用の程度およびその交互作用が，アイデア創造性に与える効果を調べる。そのために全アイデアを対象とし，それらにおける視覚化活用程度，アナロジ活用程度，それらの交互作用効果を独立変数とし，アイデア創造性を従属変数とした重回帰分析を行った（表1-1）。

　その結果，視覚化活用，アナロジ活用に関する標準偏回帰係数が有意（視覚化活用：0.18（$p < 0.01$）；アナロジ活用：0.57（$p < 0.001$）），それらの交互作用効果は有意とはならなかった（$p = 0.99$）。それらのVIFはいずれも1.22以内で共線性の問題はないと判断できる。

　したがって仮説1，2はともに支持され，仮説3は支持されなかったといえる。

表 1-1　視覚化活用，アナロジ活用と，アイデア創造性に関する重回帰分析

N=151	アイデア創造性	
	標準偏回帰係数（β）	VIF
視覚化活用	0.15**	1.22
アナロジ活用	0.57***	1.21
視覚化活用×アナロジ活用	0.00, n.s.	1.06
調整 R^2	0.29***	

$^*p<.05,\ ^{**}p<.01,\ ^{***}p<.001$

■ 3-3　仮説 4〜7 の検討

　仮説 4〜7 検証のために，促進群を独立変数とし，視覚化活用とアナロジ活用を従属変数とした，一元配置分散分析を行った（表 1-2）。

　その結果，視覚化活用について，有意な群間差が見られた（$F_{(3,\ 147)}=85.79$, $p<0.001$）。Bonferroni による多重比較を行ったところ，C ＜ V（$p<0.001$），C ＜ VA（$p<0.001$），A ＜ V（$p<0.001$），V ＞ VA（$p<0.05$），A ＜ VA（$p<0.001$）という結果が得られた。またアナロジ活用について，有意なグループ間差が見られた（$F_{(3,\ 147)}=9.50$, $p<0.001$）。Bonferroni による多重比較を行ったところ，C ＜ V（$p<0.01$），C ＜ A（$p<0.001$），C ＜ VA（$p<0.001$）という結果が得られた。

　それゆえに，視覚化活用が促された被験者は実際に，促されなかった被験者と比較して，有意な差でより視覚化活用を行ったと判断でき，仮説 4 について支持されたといえる。アナロジ活用が促された被験者は実際に，促されなかっ

表 1-2　視覚化活用，アナロジ活用と，促進群に関する分散分析

N=151	VA（両方促進）群 N=36	V（視覚化活用促進）群 N=41	A（アナロジ活用促進）群 N=36	C（促進なし）群 N=38	F 値	
視覚化活用	3.18 (0.97)	3.67 (0.76)	1.72 (0.74)	1.34 (0.43)	85.79***	C<V***, C<VA*** A<V***, V>VA*, A<VA***
アナロジ活用	3.05 (1.07)	2.71 (0.83)	2.98 (1.24)	1.93 (0.90)	9.50***	C<V**, C<A***, C<VA***

上段：平均値，下段：標準偏差　　$^{**}p<0.01$, $^{***}p<0.001$

た被験者と比較して，有意な差でよりアナロジ活用を行ったと判断でき，仮説5についても支持されたといえる。さらに両方が促された被験者は，視覚化活用が促されなかった被験者（AとC）と比較して，有意な差でより視覚化活用を行っており，またアナロジ活用が促されなかった被験者（C）と比較して，有意な差でよりアナロジ活用を行ったと判断した[10]。したがって仮説6についても支持されたといえる。また視覚化活用が促された被験者は実際に，促されなかった被験者と比較して，有意な差でよりアナロジ活用を行ったと判断でき，仮説7について支持されたといえる。

4 考 察

■ 4-1 視覚化活用，アナロジ活用の効果

仮説1検証結果は，Finke & Slayton（1988），Finke（1990）の知見の新製品開発への応用として，より視覚化活用をすることが，より高いアイデア創造性に結びつき得ることを示唆する。

仮説2検証結果は，Dahl & Moreau（2002）や Kalogerakis et al.（2010）を支持し，よりアナロジ活用をすることが，より高いアイデア創造性に結びつき得ることを示唆する。

そして Beveridge & Parkins（1987）は，適切な心的イメージを用いることがアナロジ活用による課題解決への影響を高めることを示したが，仮説3検証結果からは，視覚化活用自体はアナロジ活用によるアイデア創造性への影響を高めるとはいえない。これは，Beveridge & Parkins（1987）はあくまでも，（心的イメージをもたらす）図が適切である時にのみ，ベースとなる適切なスキーマの想起の手がかりとなり，それがアナロジ活用における課題解決を促すことを示すものであったことを踏まえれば，視覚化活用において用いた自らが想起した心的イメージから導かれたスキーマが，アナロジ活用の際のそのベースとしては，アイデア創造性実現にとっては不十分であったゆえに，視覚化活用の，ア

10）アナロジ活用を促さなかった被験者には，Ⅴも含まれるが，この群のアナロジ活用程度は，仮説7の通りCよりも高い可能性があるために，その比較対象から除外した。

ナロジ活用によるアイデア創造性への影響は見られなかったことが考えられる。

■ 4-2　視覚化活用，アナロジ活用の促進

　Finke & Slayton（1988）は，心的合成するものを与えた上で，どのように合成するかは指示しなくとも，人は自発的に心的合成をすることができることを示した。仮説4検証結果は，心的合成の元となるものを与えずとも，ある特定の開発課題に対して視覚化活用を意識づけることで促したならば，人は自らが想起した心的イメージを元にその合成をすることができることを示唆するものであり，これは Finke & Slayton（1988）と Scott et al.（2004）の知見を拡張する。

　仮説5検証結果は，Holyoak & Thagard（1995）と Scott et al.（2004）の応用として，アナロジ活用を意識づけることで促したならば，人は自らアナロジ活用に至ることを示唆する。

　そして仮説6検証結果は，Welling（2007）と Scott et al.（2004）の応用として，視覚化活用とアナロジ活用の両方を意識づけることで促したならば，人はそれら両方に至ることを示唆する。このことと仮説1〜3検証結果を踏まえれば，その両方がなされるとき，それだけより高いアイデア創造性の実現に至ることになる。

　仮説7検証結果は，視覚化活用を促すことがアナロジ活用にも至ることを示唆する。視覚化活用を促すことで，人は心的イメージから導かれたスキーマを想起し（Kosslyn et al. 2006），それと開発課題との類似性および共通する構造を見出すことで，結果的にアナロジ活用に至った（Holyoak & Thagard 1995）ことが想定される。そしてこのことと仮説4検証結果を踏まえれば，視覚化活用を意識づけることで促したならば，人は両方の活用に至ることになる。

　また仮説4〜7検証結果から，視覚化活用とアナロジ活用の両方を促した時の方が，視覚化活用を促した時よりも視覚化活用はよりなされず，また両方を促した時，アナロジ活用を促した時，あるいは視覚化活用を促した時のいずれでも，同様程度にアナロジ活用がなされることが示唆される。それは次のように解釈できる。視覚化活用については Finke（1990）により，人はより時間があれば，より視覚化活用をすることが示唆されている。アイデア開発時間を限定

した本実験において，両方を促した時は，視覚化活用のみを促した時と比較して，被験者の視覚化活用に割く時間は限られたであろう。それゆえに視覚化活用の程度がより低くなったことが考えられる。それに対してアナロジ活用については，本実験においてその程度は，アナロジの距離次元によって測られた。そして両方，アナロジ活用，視覚化活用のいずれであろうとそれらを促すことで，被験者が課題（ターゲット）と何らかのもの（ベース）との間に類似性および共通する構造を見出した限り，同様に，促さなかった時よりも遠いアナロジ活用に至ったことが考えられる。このことから両方を促す時には，特に視覚化活用のためにアイデア開発の時間をできるだけ確保すべきことがいえる。

5 　知　　見

本研究で得られた知見は次のようにまとめられる。アイデア開発において，

①視覚化活用，アナロジ活用ともそれぞれ，アイデア創造性の実現に結びつく。

②視覚化活用の，アナロジ活用によるアイデア創造性実現への影響は認められない。

③視覚化活用とアナロジ活用の両方がなされれば，それらのアイデア創造性への効果は合計され得る。

④視覚化活用，アナロジ活用を意識づけ促せば，開発者はそれらに至る。

⑤視覚化活用，アナロジ活用の両方を意識づけ促すことで，視覚化活用とアナロジ活用に至る。

⑥視覚化活用のみを意識づけ促すことでも，視覚化活用とアナロジ活用の両方に至る。

今後の課題として次があげられる。本研究では視覚化活用を促すことがアナロジ活用に至ることがあることが示唆され，その理由としてアナロジ活用に有効なスキーマが想起され，それと開発課題との類似性および共通する構造が見出されるからと推測したが，その検証が必要である。そして本研究で提示した

　仮説を，他のアイデア開発課題の場合，他の被験者の場合など異なる実験条件
において検証することにより，今回導かれた知見の妥当性を確認していく必要
がある。

　しかし本研究の貢献としていくつかあげることができる。まず理論的には，
新製品開発研究において今後，視覚化活用とアナロジ活用について，それらの
認知プロセスとしての性質を踏まえつつ，それらの効果や関係性，さらにそれ
らを促すことを理解する道筋をつけた。また実務的には，開発実務において，
そのアイデア創造性実現のために，視覚化活用とアナロジ活用の性質を踏まえ
つつ，その両方，あるいは特に視覚化活用を促すことが推奨される。

参 考 文 献

Beveridge, M., & Parkins, E. (1987) "Visual Representation in Analogue Problem Solving," *Memory & Cognition*, 15, 230-237.

Crawford, C. M. (1991) *New Products Management 3rd ed.*, Irwin.

Csikszentmihalyi, M. (1996) *Creativity: Flow and the Psychology of Discovery and Invention*, HarperCollins. (浅川奇洋志（監訳）(2016)『クリエイティヴィティ—フロー体験と創造性の心理学』世界思想社.)

Dahl, D. W., & Moreau, P. (2002) "The Influence and Value of Analogical Thinking During New Product Ideation," *Journal of Marketing Research*, 39, 47-60.

Finke, R. A. (1990) *Creative Imagery: Discoveries and Inventions in Visualization*, Lawrence Erlbaum Associates.

Finke, R. A., & Slayton, K. (1988) "Explorations of Creative Visual Synthesis in Mental Imagery," *Memory & Cognition*, 16(3), 252-257.

Finke, R. A., Ward, T. B., & Smith, S. M. (1992) *Creative Cognition: Theory, Research, and Applications*, The MIT Press. (小橋康章（訳）(1999)『創造的認知—実験で探るクリエイティブな発想のメカニズム』森北出版.)

Freyd, J. J., & Pantzer, T. M. (1995) "Static Patterns Moving in the Mind," In: Smith, S. M., Ward, T. B., & Finke, R. A. (Eds.) *The Creative Cognition Approach*, The MIT Press, 181-204.

Gentner, D., & Markman, A. B. (1997) "Structure Mapping in Analogy and Similarity," *American Psychologist*, 52(1), 45-56.

Goode, M. R., Dahl, D. W., & Moreau, C. P. (2012) "Innovation Aesthetics: The Relationship between Category Cues, Categorization Certainty, and Newness Perceptions," *Journal of Product Innovation Management*, 30(2), 192-208.

Holyoak, K. J., & Thagard, P. (1995) *Mental Leaps: Analogy in Creative Thought*, The

MIT Press.

Kalogerakis, K., Luthje, C., & Herstatt, C. (2010) "Developing Innovations Based on Analogies: Experience from Design and Engineering Consultants," *Journal of Product Innovation Management,* 27, 418-436.

Kosslyn, S. M., Thompson, W. I., & Ganis, G. (2006) *The Case for Mental Imagery,* Oxford University Press.（武田克彦（監訳）（2009）『心的イメージとは何か』北大路書房．）

Mugge, R., & Dahl, D. W. (2013) "Seeking the Ideal Level of Design Newness: Consumer Response to Radical and Incremental Product Design," *Journal of Product Innovation Management,* 30(S1), 34-47.

Scott, G., Leritz, L. E., & Mumford, M. D. (2004) "The Effectiveness of Creativity Training: A Quantitative Review," *Creative Research Journal,* 16(4), 361-388.

Talke, K., Salomo, S., Wieringa, J. E., & Lutz, A. (2009) "What about Design Newness? Investigating the Relevance of a Neglected Dimension of Product Innovativeness," *Journal of Product Innovation Management,* 26, 601-615.

Welling, H. (2007) "Four Mental Operations in Creative Cognition: The Importance of Abstraction," *Creativity Research Journal,* 19, 163-177.

磯野　誠（2011）「創造的視覚化を活用する新製品コンセプト開発」『季刊マーケティング・ジャーナル』120, 43-58.

第2章

概念結合とアナロジ活用
それぞれの効果とそれらの関係

　本章では，アイデア開発における，概念結合活用とアナロジ活用それぞれの効果，それらの関係，およびそれらを促し得るかについて検討する。第1節において，概念結合およびアナロジに関する先行研究レビューをもとに，概念結合およびアナロジの活用とそれらの関係についての仮説を導出する。第2節において仮説検証のための実験概要を示し，第3節においてその結果を示す。第4節において結果を考察し，第5節において知見をまとめる。

1　理論背景

■　1-1　概念結合活用，アナロジ活用の定義

1) 概念結合活用の定義

　Hampton（1996）によれば，概念を結合することで，結合前の個別の概念の意味を，より限定したり，より複雑にさせることができる。Finke et al.（1992）によれば，概念結合のプロセスは，既存の概念を融合させて新しい概念を発達させることを許し，組み合せの特定の事例の特徴とともに，これらの事例が代表する領域そのものの新しい特徴を発見することを可能とする。

　そこでここでは，Finke et al.（1992）に依拠し，概念結合活用を次のように定義する。それは，既存の互いに異なる概念知識（以下，概念）を取り上げて，心的に混合することにより，何らかの創造的発見を得る試みである。例えば，「ホーム」と「ページ」を心的に混合して，新たな概念となる「ホームページ」なるものを想像し，インターネットサイトの最初のページというアイデアを得るようなことである（Wilkenfeld & Ward 2001）。ただしこれを広義の定義とし，次のアナロジ活用と区別するために3) において狭義の定義を提示する。

2) アナロジ活用の定義

Gentner & Markman (1997) によれば，ある2つの概念が互いにある構造上の類似点を持つとき，それらの間にアナロジが存在する。Finke et al. (1992) によれば，片方の概念（ベース）における見慣れた構造（の知識，以下，構造）がもう片方の概念（ターゲット）へ転送されることで，結果としてその見慣れた構造と類比的な構造を内在する新たな概念がもたらされる。

そこでここでは，Finke et al. (1992) に依拠し，アナロジ活用を次のように定義する。それは，アナロジが存在するある2つの概念において，片方の概念（ベース）に内在する構造を，もう片方の概念（ターゲット）に転送することにより，何らかの創造的発見を得る試みである。

例えば，水に内在する，水の波が伝播するという構造を，音に転送することで，音においても，音の波が伝播するという構造のアイデアを得るようなことである (Holyoak & Thagard 1995)。

3) 概念結合活用とアナロジ活用の違い

Welling (2007)，Keane & Costello (2001) は，概念結合活用とアナロジ活用と次の理由で区別する。すなわちアナロジ活用は，ベース概念の構造がターゲット概念に転送されることを含むが，概念結合はそれを問題としない。しかし同時にそれらは，その構造の転送を問題としないときには，ともにあくまでも2つの概念の組み合わせであり，概念の心的混合と見ることができる。したがってそれらの共通点と差異点は，次のように整理できる。概念結合活用とアナロジ活用とはともに，2種以上の概念を心的に混合することで，何らかの創造的発見を得ようとするものである。その上でアナロジ活用とは，アナロジが存在する2つの概念間において，片方の概念に内在する構造を，もう片方の概念に転送することで，それら概念を心的に混合する。

一方，狭義の概念結合活用を，アナロジ活用と区別するために，次のように定義する。それは，既存の互いに異なる概念を取り上げて，心的に混合することにより，何らかの創造的発見を得る試みである。その心的混合には，アナロジが存在する2つの概念間においての，片方の概念からもう片方の概念への構造の転送を伴ったものは含まれない[1]。以降では，概念結合活用についてはこ

の狭義の定義によることとする。

　次節以降では，概念結合活用，アナロジ活用の効果，およびそれらの促進についての先行研究をもとに，本研究課題の観点における限界を整理し仮説を導出する。

■ 1-2　概念結合活用，アナロジ活用の効果

1)　概念結合活用の効果 [2]

　概念結合活用のアイデア創造性に対する効果については，概念結合活用における概念間の差異あるいは関係性が影響することが指摘されてきた。Mobley et al.（1992）は実験によって，互いに弱い関係にある（unrelated）カテゴリ事例の結合（例えば生物カテゴリに属するものと人工物カテゴリに属するものの結合）により創出される新たなカテゴリあるいはそのカテゴリ事例のアイデアの方が，互いに強い関係にある（related）カテゴリ事例の結合（例えば生物カテゴリに属するもの同士の結合）により創出される新たなカテゴリあるいはそのカテゴリ事例のアイデアよりも，創造性が高いものとなることを示した。その理由として，互いに弱い関係にあるカテゴリ事例の結合には，通常は関連づけられないような多様な知識構造が適用されるからと説明した。また Wisniewski（1997）は，互いに類似した（similar）ものからなる概念結合（例えば「スカンク・リス」）と，互いに異なる（dissimilar）ものからなる概念結合（例えば「手おの・リス」）それぞれの意味解釈を比較した時，互いに異なるものからなる概念結合の意味解釈のみに，創発的な特徴が生じることを示した。Wilkenfeld & Ward（2001）は，結合される 2 つの概念が互いにより異なれば（different vs. similar），その意味解釈の結果にはより多くの創発的特徴が生じることを示した。これらのことから，

1）ただしあるものが構造か否かあるいは構造の転送か否かの厳密な区別は，その捉え方にもよるために難しい場合がある。それゆえに概念結合活用とアナロジ活用の区別には，一定の曖昧さが残らざるを得ない。

2）先行研究が扱う概念結合活用には，本研究ではアナロジ活用として見なされるものも含まれている可能性がある。それゆえに，先行研究による知見には，本研究でいう概念結合活用によるものとアナロジ活用によるものが混在している可能性がある。しかし先行研究においてどこまでが本研究でいう概念結合活用についての知見かの厳密な区別は困難であるため，知見をそのまま記述した。

より異なる概念の結合は，創発的な特徴を持つという観点から，創造性のある
ものとなり得ることがいえる。

　このことをアイデア開発に応用すれば，互いにより弱い関係にある，あるい
はより異なる概念同士の結合は，より高いアイデア創造性に結びつくことが考
えられる。概念結合の議論において，概念間の差異の程度の捉え方は研究によ
って異なり，そのまま差異として捉える場合（Wilkenfeld & Ward 2001；
Wisniewski 1997；永井ら 2009），関係の強弱として捉える場合（Mobley et al. 1992），
あるいは知覚距離（以下，距離）として捉える場合（Chan & Schunn 2015）がある
が，いずれも同じ現象を捉えようとしているものとして考えられる。その一方
で次に見るアナロジ活用の議論においては，対象となる概念間の差異の程度は，
距離として捉えることが主流である。概念結合活用における概念間の差異，ア
ナロジ活用における概念間の差異とも，同じ現象を捉えていると考えられるこ
とから，本研究では，概念結合活用における概念の差異も，距離（遠い‐近い）
によって捉えることとする。そこで次のように仮説を設定する。

　仮説 1　概念結合活用において，開発対象の概念からより遠い概念をヒ
　　　　　ントとして用いれば，より高いアイデア創造性に結びつく。

---

2) アナロジ活用の効果

　アナロジ活用のアイデア創造性に対する効果については，アナロジ活用にお
けるベース・ターゲット間距離が影響することが指摘されてきた。Dahl &
Moreau（2002）は，よりベース・ターゲット間距離の遠いアナロジ活用が，思
考の飛躍となるがゆえに，より高いアイデア創造性に結びつくと仮定し，その
妥当性を実験により示した。Kalogerakis et al.（2010）は，定性調査を通して，
実態的にもより遠いアナロジ活用が，アイデアの独創性に結びつくことを示し
た。そこでこれらの知見の確認として，次のように仮説を設定する。

> 仮説 2　アナロジ活用において，開発対象の概念（ターゲット）からより
> 　　　　遠い概念（ベース）をヒントとして用いれば，より高いアイデア
> 　　　　創造性に結びつく。

3）概念結合活用とアナロジ活用の効果の差

　仮説 1 と仮説 2 は，概念結合活用あるいはアナロジ活用のいずれであっても，開発対象の概念からより遠い概念をヒントとして用いることが，より高いアイデア創造性に結びつくことを意味した。しかし概念結合という概念組み合わせパターン自体，あるいはアナロジという概念組み合わせパターン自体の，アイデア創造性に与える効果，そしてそれらの間の効果の差の有無については検討の余地がある。この点について，Welling（2007）は，アナロジ活用ではある概念に内在する既存の構造の別の概念への転送がなされるだけ（すなわち構造自体は既存のもののまま維持される）と考えた。概念結合活用では異なる概念それぞれに含まれる構造同士の合成がなされることで新しい構造が生じ得ると考えた。それゆえに，概念結合活用によっては深い再概念化がもたらされるとした上で，より高い創造性につながるであろうことを主張した。永井ら（2009）は，アナロジ活用によって生じた概念とは，構造知識が転送された概念の 1 つの変形に過ぎないと考えた。概念結合活用については，Fauconnier（1994）による，「概念的な統合により，2 つの心的空間から第 3 の空間の生成が導かれる」「その第 3 の心的空間は，元の 2 つの心的空間から部分的構造を継承する一方，第 3 の心的空間に固有の特徴を有する」との知見に依拠した。その上で，概念結合活用において（のみ），概念間の距離（遠さ）がアイデア独創性に結びつくと仮定し，実験によりその妥当性を示した。そこで次のように仮説を設定する。

> 仮説 3-1　概念結合活用の方が，アナロジ活用よりも，より高いアイデア
> 　　　　　創造性に結びつく。

> 仮説 3-2　開発対象の概念から遠い概念をヒントとして用いることは，ア
> 　　　　　ナロジ活用においてよりも，概念結合活用においてより，高い
> 　　　　　アイデア創造性に結びつく。

■ 1-3　概念結合活用，アナロジ活用の促進

1）概念結合活用の促進

Wisniewski (1997)，Wilkenfeld & Ward (2001) によれば，そもそも人は，日常的・自発的に，既知の概念を結合させて新たな概念を作り出している（例えば「ホームページ」「カウチポテト」）。しかしながら，アイデア開発において，開発者をより確実に（他の認知プロセス活用を行うのではなく，あるいは何も行わないのではなく），そして開発対象からより遠いものをヒントとして，概念結合活用するように促すことができるかについては検討の余地がある。開発者にただ，より概念結合活用をするようにと促しても，彼らが概念結合とは何かを知らなければ，その効果は現れようもない。先行研究においてこの点についての知見は見当たらない。

　一方，Scott et al. (2004) は，一般に，認知プロセスの活用を，例示により意識づけることで促せば，よりその活用に至ることを主張した。特に示す例は，その認知プロセスに内在する法則を具体的に表すようなものであるべきことを主張した。そこで Scott et al. (2004) に依拠するとき，概念結合活用を，例示により促せば，人は課題に対して，より確実に概念結合活用に至ることが考えられる。また，例示の内容が，開発対象の概念から遠い概念をヒントとして用いた概念結合活用の例であれば，そのようなヒントを用いた概念結合活用に至ることが考えられる。そこで次のように仮説を設定する。

> 仮説 4-1　例示により概念結合活用を促した時，促さなかった時よりも，
> 　　　　　より確実に，概念結合活用がなされる。

> 仮説 4-2　開発対象の概念から遠い概念をヒントとして用いた例示により
> 　　　　　概念結合活用を促した時，促さなかった時よりも，開発対象の
> 　　　　　概念からより遠い概念がヒントとして用いられる。

2) アナロジ活用の促進

　Holyoak & Thagard (1995) によれば，そもそも人は，特に促されずとも，あ
る課題を解こうとする際に，その課題（ターゲット）と何らかのもの（ベース）に
内在する構造の類似性を見出したならば，自らアナロジ活用を行う。しかしな
がら，アイデア開発において，開発者をより確実に，そしてより遠いものをベー
スとして，アナロジ活用をするように促すことができるかについては検討の
余地がある。開発者にただ，よりアナロジ活用をするようにと促しても，彼ら
がアナロジとは何かを知らなければ，その効果は現れようもない。

　この点について，Dahl & Moreau (2002) によれば，開発対象と似ている何
かをできるだけ多く参照してアナロジ活用をするように促せば，開発者は，開
発対象からより遠いものをベースとして用いてアナロジ活用をする。しかしよ
り多くのものを参照することには限界があることも考えられる。Zahner et
al. (2010) によれば，ある程度抽象的に表現されたものを与え，それをベースと
してアナロジ活用をするように促せば，開発者は，具象的に表現されたものよ
りもより，アナロジ活用をする。Casakin (2004) によれば，開発対象から遠い
分野のものの視覚的情報を与え，それをベースとしてアナロジ活用をするよう
に促せば，開発者は，その指示の通りに遠い分野のものをベースとして用いて
アナロジ活用をする。これらは実験デザイン上，ベースとなるものを条件づけ
るために被験者に与えるものであるが，開発実務上では，開発者自らがベース
となるものを探索・特定する場合があることも十分考えられる。

　一方，Scott et al. (2004) は先に記述したように，認知プロセスの活用を，例
示により意識づけることで促せば，よりその活用に至ることを主張した。特に
示す例は，その認知プロセスに内在する法則を具体的に表すようなものである
べきことを主張した。そこで磯野・高橋 (2019)（すなわち前章）は，ベースにな
り得るものを与えずとも，アナロジ活用を，例示により促せば，開発者はより

アナロジ活用を行うかを仮定し，検証した結果，その妥当性を示した。しかし磯野・高橋 (2019) では，より確実に，アナロジ活用を行うことと，より遠い概念をヒントとして用いることとの区別はされていなかった。このことに対して，あらためて Scott et al. (2004) に依拠するとき，アナロジ活用を，例示により促せば，人はその課題に対して自ら，何らかとの類似性と共通する構造を見出し，より確実に，アナロジ活用に至ることが考えられる。また，例示の内容が，開発対象の概念から遠い概念をヒントとして用いたアナロジ活用の例であれば，そのようなヒントを用いたアナロジ活用に至ることが考えられる。そこで次のように仮説を設定する。

仮説 5-1　例示によりアナロジ活用を促した時，促さなかった時よりも，
　　　　　より確実に，アナロジ活用がなされる。

仮説 5-2　開発対象の概念から遠い概念をヒントとして用いた例示により
　　　　　アナロジ活用を促した時，促さなかった時よりも，開発対象の
　　　　　概念からより遠い概念がヒントとして用いられる。

　以上の仮説は，次のようにまとめられる。

　仮説 1 と 2 は，概念結合活用あるいはアナロジ活用における，開発対象（の概念）－ヒント（となる概念）間距離の，アイデア創造性に対する効果を想定するものである。

　仮説 3-1 と 3-2 は，概念結合あるいはアナロジという概念組み合わせパターン自体の，アイデア創造性に与える影響の比較において，概念結合活用の方がアナロジ活用よりもより大きい効果を与えることを想定するものである。

　仮説 4-1 と 5-1 は，概念結合活用あるいはアナロジ活用を例示により促すことで，より確実に概念結合活用あるいはアナロジ活用に至ることを想定するものである。

　仮説 4-2 と 5-2 は，概念結合活用あるいはアナロジ活用を開発対象の概念か

らより遠い概念をヒントとして用いる例示により促すことで，そのようなヒントを用いてそれらの活用に至ることを想定するものである。

2　実　　験

　本仮説の検証は，アイデア開発の実験によることとした。ここでその実験とは，概念結合活用を促す群（以下，CC 群），アナロジ活用を促す群（以下，A 群），いずれも促さない群（以下 C 群）に分けられた被験者の，アイデア開発課題に対する反応を評価するものである。

　具体的には，仮説 1～3 については，全群の被験者による，概念結合活用有無，アナロジ活用有無，（概念結合活用あるいはアナロジ活用における）開発対象 - ヒント間距離を独立変数とし，アイデア創造性を従属変数とした重回帰分析を行うこととした。

　仮説 4-1 と 5-1 については，群ごとの，概念結合活用に至った人数，アナロジ活用に至った人数，いずれの活用にも至らなかった人数を比較することとした（Fisher 正確検定）。

　仮説 4-2 と 5-2 については，群ごとの，開発対象 - ヒント間距離平均値を比較することとした（一元配置分散分析）。

■ 2-1　被験者とアイデア開発課題

　前章と同様，アイデア開発に主体的に関わる企画職を想定し，経営学部生を被験者とした。また前章と同様，アイデア開発の演習として行い，そのアイデア開発課題として，若者に向けた新たな消臭芳香剤製品を選択した。

■ 2-2　実験手順概要

1）実　　験

　本実験は，大学経営学部において開講された初学年次向マーケティング関連科目の受講生 200 人を被験者とし，その演習として，2020 年 10 月 9 日に実施された。その実施手順は次の通りである。

　まず被験者全員に，同一の A 4 用紙 1 枚のアイデア記述用紙と，ランダムに，

若い世代の消臭・防臭と芳香ニーズへの対応
　―○○の新しい製品ブランド・ラインナップ
潜在ニーズおよび背景：
　ファブリーズ，リセッシュ，レノア，といったブランドにより，部屋や身の回りの嫌なニオイをとったり防いだりし，いい香りを楽しむというニーズはより拡大しつつあります。しかしこれまでこのようなニーズは家事の延長から感じられるもので，主に主婦が主体でした。一方，20代のより若い世代でも，身の回りの嫌なニオイをとり香りを楽しむというニーズを潜在的にもっている人も多いと思われるものの，既存のブランドでは従来の主婦を対象としているために，実際にそれらブランドを購買している人は未だ，あまり多くいません。
　そこで，Ｐ＆Ｇや花王などの主要メーカーからの新しい製品ブランド・ラインナップとして，若い世代にとっての，そのような身の回りの嫌なニオイをとりいい香りを楽しむといったようなニーズに対応し，ある程度の市場形成に結びつくような製品アイデアを考えて下さい。
対象顧客：
　ニオイを気にする，あるいは香りに敏感であるものの，まだ積極的に既存のブランドを使用していない20代前半男女です。
製品評価基準：
　その製品は，その対象顧客にとって新しく，実用的で，効果的である必要があります。また製品アイデアは現在の技術で実現可能な見通しがあることが必要です。

図2-1　アイデア開発課題記述

　　新製品アイデア開発にあたり，概念結合を活用することが，より創造的なアイデアの創出を促すといわれています。概念結合を活用するとは，開発すべき対象と，それとは全く違うものをヒントとして，それらを組み合わせることで，アイデアを思いつくことです。
（新しいチョコレート製品開発課題に対して：チョコレート＋きのこ・たけのこ→「きのこの山・たけのこの里」）
（新しい消臭芳香剤製品開発課題に対して：消臭芳香剤＋ぬいぐるみ→「アニマル消臭芳香剤」）
（新しいスポーツシューズ製品開発課題に対して：スポーツシューズ＋カーボンプレート→「ナイキ・ズームフライ」（クッションにカーボンプレートを備えたシューズ））。
　　開発課題に対して，概念結合を活用して，新製品アイデアを創出してください。

図2-2　概念結合活用促進記述

　Ａ４用紙表にアイデア開発課題（図2-1）と概念結合活用促進（図2-2）が記述されたもの（CC群用），Ａ４用紙表にアイデア開発課題（図2-1）とアナロジ促進（図2-3）が記述されたもの（A群用），あるいはＡ４用紙表にアイデア開発課題（図2-1）のみが記述されたもの（何の促進記述なし，C群用）のいずれかを配布した。

　CC群用のアイデア開発課題と概念結合活用促進が記述されたものは67人に，

> 　新製品アイデア開発にあたり，アナロジを活用することが，より創造的なアイデアの創出を促すといわれています。アナロジを活用するとは，開発すべき対象に対して，それと形や機能や構造が似ているが，全く違うものをヒントとして，アイデアを思いつくことです。例えば，「これが――のようであれば，――」等と類推することです
> （新しいチョコレート製品開発課題に対して：チョコレートが宝石のようであれば→「ゴディバチョコレート」（高級チョコレート））
> （新しい消臭芳香剤製品開発課題に対して：消臭芳香剤が現代建築のようであれば→「現代建築のようなすっきりとしたデザインの消臭芳香剤」）
> （新しいスポーツシューズ製品開発課題に対して：スポーツシューズが裸足のようであれば→「5本指ベアフット・シューズ」（ソールが薄く5本指があり裸足感覚で走れるシューズ）。
> 　開発課題に対して，アナロジを活用して，新製品アイデアを創出してください。

図 2-3　アナロジ活用促進記述

A 群用のアイデア開発課題とアナロジ促進が記述されたものは 67 人に，C 群用のアイデア開発課題のみが記述されたものは 66 人に，それぞれ配布された。それらの促進記述を与えた・与えなかったことをもって，対応する概念結合活用・アナロジ活用を促した・促さなかったこととした。被験者には，概念結合活用促進の記述があるもの，アナロジ活用促進の記述があるもの，いずれの促進の記述もないものの 3 種があることを知らせなかった。

　そして被験者に，1 時間で，課題のアイデアを開発し，アイデア記述用紙に記述するように指示した。そのアイデア開発課題記述，概念結合活用促進記述，アナロジ活用促進記述とは，図 2-1～2-2 の通りである。概念結合活用促進記述，アナロジ活用促進記述ともにそれぞれ，仮説 4-1，5-1 に対応し，概念結合活用あるいはアナロジ活用の典型でありかつ，仮説 4-2，5-2 に対応し，開発対象から遠い概念をヒントとして用いていると見なし得る例を含めた。それらの例示内容は，アナロジ活用促進記述としての妥当性が確認された磯野・高橋（2019）のもの（すなわち前章のもの）をもとに作成された。

　その後，開発された全アイデアを回収した。

　操作化チェックのために，概念結合活用意識程度とアナロジ活用意識程度を聞くアイデア開発後アンケートを全被験者に配布し，記入させ回収した。

　全 200 回答アイデアを回収後，1 行程度の記述など極端に記述の乏しいもの，全く意味の取れないものは不完全回答アイデアとして除外した。

　その結果，有効回答アイデアは CC 群 62 人，A 群 53 人，C 群 55 人による，

表 2-1　回答アイデアのその評価例

回答アイデア	概念結合活用 アナロジ活用 有無評価	転送された 構造	対象 – ヒント 間距離評価	創造性 評価
CC（概念結合活用促進）群				
1．消臭芳香剤＋透明ネイル→「芳香剤付き透明ネイル」	概念結合活用 有		3.5	3.77
2．アクセサリー専用消臭剤。アクセサリーの横に置いても違和感がないように，香水のアトマイザーのようなデザインが女性うけすると思う。	アナロジ活用 有	アクセサリー になじむ	2.0	2.94
A（アナロジ活用促進）群				
3．芳香剤がアクセサリのように芳香機能だけでなく気軽に身につけていつでもその香りを楽しむことのできるもの。ネックレスやブレスレットのように……	アナロジ活用 有	身につけて 使える	3.0	3.11
4．スマホケースや腕時計の時計でない部分（ストラップ）に消臭・防臭や芳香の機能を備え付ける。そのもの自体から良い匂いがしたり，消臭効果がある	概念結合活用 有		3.5	3.33
5．消臭芳香剤が，ゴミやほこり取りのコロコロ型であれば→服をコロコロすると消臭・芳香剤のカプセルが付着	アナロジ活用 有	コロコロで 吸着する	3.5	3.86
C（促進なし）群				
6．温度によって匂いが変化したり，時の経過によって匂いが変わると，使用する側も楽しくなり，飽きづらい。	活用なし		2.5	2.75
7．柑橘系の香りがする商品を提案。レモン・オレンジなどの柑橘類はとてもさっぱりしていて爽やかな香りがします。	概念結合活用 有		2.0	2.16

全 170 アイデアとなった[3]。回答アイデアとそれらの評価の例を表 2-1 に示す。

2）概念結合活用，アナロジ活用，対象 – ヒント間距離の評価

　回答アイデアの概念結合活用の有無，アナロジ活用の有無，対象 – ヒント間距離の測定は，アイデア開発に関する専門家 2 人による評価によった。彼らには実験内容を知らせなかった。

　概念結合活用の有無，およびアナロジ活用の有無の測定については，次のようにした。1-1 における概念結合活用とアナロジ活用の定義に従い，被験者の

3）全 200 回答アイデア中，30 の回答アイデアが不完全回答アイデアとなった理由として，被験者は，初学年次向けの必修授業科目の受講生であったために，受講気力に乏しいものが含まれていたことが考えられ，そのような受講生による回答が不完全回答アイデアとなったことが考えられる。

アイデア記述から読み取れる，概念の組み合わせの仕方において，ヒントとなる概念の構造の，開発対象の概念（「消臭芳香剤」）への転送と捉えられる場合，（例えば，表 2-1 のアイデア 2, 3, 5）には，アナロジ活用有，そうでない場合にはアナロジ活用無と評価した。アナロジ活用に当てはまらない，ヒントとなる概念と開発対象の概念との心的な混合によってアイデアを思いついていると捉えられる場合（例えば，表 2-1 内のアイデア 1, 4, 7）は概念結合活用有，そうでない場合には概念結合活用無と評価した。その上で概念結合活用有無，アナロジ活用有無を，それぞれに対応するダミー変数（有 (1)，無 (0)）で表した。

　専門家 2 人による概念結合活用ダミー得点のカッパ係数は 0.50（$p < 0.001$），アナロジ活用ダミー得点のカッパ係数は 0.48（$p < 0.001$）となり，いずれもその一致度は中程度（Landis & Koch 1977）であることを確認した。その上で，その 2 人による評価をもとに，2 人と著者の 1 人を加えた 3 人による議論により，全回答アイデアの概念結合活用有無，アナロジ活用有無の評価を決定した。

　ここで一致度が中程度であったのは，回答アイデアの中には，概念間において構造の転送がなされているか否かの判断が専門家 2 人の間で分かれるものが含まれていたからである。3 人による議論により，表 2-1 中の「転送された構造」のように，あくまでも転送された構造を明示して確認できるものはアナロジ活用と判断し，できないものは概念結合活用と判断した。この議論において著者の役割は，専門家 2 人に対して，「転送された構造」の確認を促すことに限定された。

　概念結合活用あるいはアナロジ活用における対象 - ヒント間距離の測定については，第 1 節 2 項における概念結合活用における概念間距離，アナロジ活用におけるベース・ターゲット間距離の議論をもとに，被験者によるアイデア記述から読み取れる，開発対象（の概念）とヒント（の概念）が互いに近いあるいは遠いと知覚される程度を取り上げた（5 点法，概念間距離が最も近い (1)，概念間距離が最も遠い (5)）。例えば，1 は，既存の消臭芳香剤製品が，（新しい消臭芳香剤のアイデア開発の際に）ヒントとして用いられているとき，5 は，ある特定の芸能人が，（新しい消臭芳香剤のアイデア開発の際に）ヒントとして用いられているときである。

　専門家 2 人による評価得点のケンドールの一致係数は 0.42（$p < 0.001$）となり，

その一致度は中程度（Schmidt 1997）であることを確認した。その上で2人による評価得点の平均値を算出し，各回答アイデアの対象 – ヒント間距離に対する評価とした。

3) 概念結合活用意識，アナロジ活用意識の評価

概念結合活用意識およびアナロジ活用意識の測定については，第1節3項における認知プロセス活用意識の議論をもとに，被験者がアイデア開発の際に抱いた概念結合活用意識程度あるいはアナロジ活用意識程度を評価することとした（7点法，「概念結合をよく活用した」あるいは「アナロジをよく活用した」に対する，全く当てはまらない（1），非常に当てはまる（7））。

これら測定尺度をアイデア開発後アンケートに反映させた。被験者によるアンケートに記入された評価得点をもって，被験者の概念結合活用意識およびアナロジ活用意識に対する評価とした。

4) アイデア創造性の評価

アイデア創造性の測定について，本アイデア課題の顧客となるような人9人によった[4]。彼らがそれぞれ全回答アイデアを次の操作定義に沿って評価した。

アイデア創造性の操作定義について，Csikszentmihalyi（1996）は，創造性を，新規性あるいは独創性のあるものと概念定義する。そこで本調査においてはその操作定義を，「全く普通でない」「革新的だ」「他の製品と全く異なる」「独創的な問題解決方法だ」の4項目からなるものとした。その上でその4項目それぞれについて評価した（5点法，全く当てはまらない（1），非常に当てはまる（5））。

その4項目それぞれに対する顧客9人による評価得点の a 係数は0.71以上であり，その内的整合性を確認した。そしてその4項目それぞれの9人による評価得点の平均値を算出した。その4項目の評価得点について，因子分析（最

---

4) その9人は，アイデア開発課題に取り組んだ学生と同じ大学の別の経営学部生であった。彼らは，「消臭や芳香に関心がある」の質問に対する回答（5点法，全く当てはまらない（1），非常に当てはまる（5））において4以上を答えたことをもって，「本アイデア課題の顧客となるような人」と判断された。彼らには実験内容を知らせなかった。

尤法，Promax 回転）を実施し，予想通り 1 因子構造であることを確認した。またその α 係数は 0.96 であり，その内的整合性を確認した。その上でその 4 項目の平均値を算出し，各アイデアの創造性に関する顧客評価とした。

3　分　　析

　有効回答アイデアの概念結合活用有無評価得点，アナロジ活用有無評価得点，対象 - ヒント間距離評価得点，アイデア創造性評価得点，および概念結合活用意識評価得点，アナロジ活用意識評価得点を合わせてデータセットを作成し分析を進めた。

■ 3-1　操作化チェック

　各促進群に属する被験者が，対応する促進記述を理解し，それぞれの活用を意識したかについて確認するために，CC 群に属する被験者の概念結合活用意識，A 群に属する被験者のアナロジ活用意識それぞれの平均値および標準偏差値を調べた。

　その結果，CC 群に属する被験者の概念結合活用意識平均値は 4.19，標準偏差値は 1.54，A 群に属する被験者のアナロジ活用平均値は 3.96，標準偏差値は 1.65 となった。それらの値から，両促進群に対応する操作は有効に行われたと判断した。

■ 3-2　仮説 1〜3 の検討

　仮説 1〜3 の検証では，アイデア開発における実際の概念結合活用それ自体（仮説 3-1），あるいはアナロジ活用それ自体（仮説 3-1），概念結合活用あるいはアナロジ活用に伴う対象 - ヒント間距離（仮説 1, 2），概念結合活用と対象 - ヒント間距離交互作用（仮説 3-2）が，アイデア創造性に与える影響を検討する。そのために，全アイデア（$N = 170$）のうち，概念結合活用あるいはアナロジ活用がなされたアイデアを対象とし（$N = 162$），それらにおける概念結合活用ダミー，対象 - ヒント間距離，そして概念結合活用ダミーと対象 - ヒント間距離交互作用項を独立変数とし，アイデア創造性を従属変数としたときの重回帰分

表2-2　概念結合活用，アナロジ活用，対象－ヒント間距離とアイデア創造性に関する重回帰分析

N=162	アイデア創造性	
	標準偏回帰係数（β）	VIF
概念結合活用ダミー	0.04, n.s.	1.02
対象-ヒント間距離	0.47***	1.01
概念結合活用ダミー× 対象－ヒント間距離	0.04, n.s.	1.00
調整 R^2	0.21***	

*$p < .05$, **$p < .01$, ***$p < .001$

析を行った（表2-2）。

　ここで概念結合活用ダミーとアナロジ活用ダミーのうち，概念結合活用ダミーのみを取り上げたのは，両ダミーは強く相関するために（$r = -0.87$），そのどちらかのみを分析に取り上げる必要があった上，まず概念結合活用自体の効果を検討する意図からである。なお，両ダミーが完全に相関しなかったのは，概念結合活用でもなく，アナロジ活用でもないと判断されたアイデアがあったからである（例えば，表2-1内のアイデア6）。

　その結果，概念結合活用ダミーの標準偏回帰係数は有意とはならず（$p = 0.55$），対象－ヒント間距離が有意となった（0.47（$p < 0.001$））。対象－ヒント間距離交互作用も有意とはならなかった（$p = 0.56$）。それらの VIF はいずれも 1.02 以下で共線性の問題はないと判断できる。概念結合活用ダミーが有意とならなかったことから，アナロジ活用ダミーも同様に有意とはならないと判断できる。

　したがって仮説 1, 2 はともに支持され，仮説 3-1, 3-2 はいずれも支持されなかったといえる。

■ 3-3　仮説 4-1, 5-1 の検討

　仮説 4-1 および 5-1 検証のために，まず促進群ごとの，概念結合活用があった度数，アナロジ活用があった度数，いずれの活用もなかった度数を，クロス集計した（表2-3）。

　Fisher の正確確率検定の結果，有意であった（$p = 0.00$）。χ^2 値から算出した効果量（$w = 0.57, 1 - \beta = 1$）は大きいと判断される（Cohen 1992）。検出力（$1 - \beta$）は十分である。調整残差を表2-3に示した。各セルの残差について両側検

表2-3　促進群ごとの概念結合活用有無，アナロジ活用有無を表すクロス集計

		概念結合活用 あり	アナロジ活用 あり	活用なし	合計
CC（概念結合 活用促進）群	度数 期待度数 調整済残差	54 35.01 6.102***	7 24.07 −5.581***	1 2.918 −1.443	62 61.998
A（アナロジ 活用促進）群	度数 期待度数 調整済残差	13 29.93 −5.653***	39 20.58 6.259***	1 2.494 −1.168	53 53.004
C（促進なし） 群	度数 期待度数 調整済残差	29 31.06 −0.680	20 21.35 −0.455	6 2.588 2.641**	55 54.998
合計	度数 期待度数	96 96.00	66 66.00	8 8.000	170 170.00

$**p < 0.01$, $***p < 0.001$

定（$a = 0.05$）を行った結果，CC群においては，概念結合活用の度数が，期待度数より有意に多く（$z = 6.10$, adjusted $p = 0.00$），アナロジ活用の度数が期待度数より有意に少なかった（$z = -5.58$, adjusted $p = 0.00$）。A群においては，概念結合活用の度数が，期待度数より有意に少なく（$z = -5.65$, adjusted $p = 0.00$），アナロジ活用の度数が期待度数より有意に多かった（$z = 6.25$, adjusted $p = 0.00$）。C群においては，何も活用しなかった度数が，期待度数より有意に多かった（$z = 2.64$, adjusted $p = 0.01$）。Fisher の正確検定を用いた多重比較（$a = 0.05$, 両側検定）の結果，CC群とA群との間（adjusted $p = 0.00$），CC群とC群との間（adjusted $p = 0.00$），A群とC群との間（adjusted $p = 0.00$）にそれぞれ，有意差が見出された。以上の p 値の調整には，Benjamini & Hochberg（1995）の方法を用いた。

　それゆえに，例示により概念結合活用が促された被験者は，促されなかった被験者と比較して，有意な差でより確実に，概念結合活用を行ったと判断でき，仮説4-1は支持されたといえ，また，例示によりアナロジ活用が促された被験者は，促されなかった被験者と比較して，有意な差でより確実に，アナロジ活用を行ったと判断でき，仮説5-1は支持されたといえる。

表2-4 促進群と，対象 − ヒント間距離に関する分散分析

$N=162$	CC（概念結合活用促進）群 $N=61$	A（アナロジ活用促進）群 $N=52$	C（促進なし）群 $N=49$	F値	
対象 − ヒント間距離	2.96 (0.60)	2.76 (0.86)	2.28 (0.88)	10.65***	CC＞C*** A＞C**

上段：平均値，下段：標準偏差 **$p<0.01$，***$p<0.001$

■ 3-4 仮説4-2，5-2の検討

仮説4-2および5-2検証のために，全アイデア（$N=170$）のうち，概念結合活用あるいはアナロジ活用がなされたアイデアを対象とし（$N=162$），促進群を独立変数とし（CC群 $N=61$，A群 $N=52$，C群 $N=49$），促進群ごとの対象 − ヒント間距離評価値を従属変数とした，一元配置分散分析を行った（表2-4）。

その結果，有意な群間差が見られた（$F(2, 159)=10.65, p<0.001$）。3群におけるすべてのペア群間差に対しt検定を行い，多重比較の調整には Bonferroni の方法を用いた。その結果，CC＞C（$p<0.001$），A＞C（$p<0.01$）という結果が得られた。

それゆえに，開発対象の概念から遠い概念をヒントとして用いた例示により概念結合活用あるいはアナロジ活用が促された被験者は，何も促されなかった被験者と比較して，有意な差で，開発対象からより遠いヒントを用いて概念結合活用あるいはアナロジ活用をしたと判断でき，仮説4-2および5-2はともに支持されたといえる。

4 考 察

■ 4-1 概念結合活用，アナロジ活用の効果

仮説1，2検証結果から，概念結合活用，アナロジ活用のいずれの場合においても，開発対象からより遠い概念がヒントとして用いられるとき，より高いアイデア創造性に結びつくことが示唆される。

仮説3-1検証結果から，概念結合活用あるいはアナロジ活用という概念組み合わせ活用パターン自体が，より高いアイデア創造性に結びつくという結果は見出せず，それゆえにどちらかが，より高いアイデア創造性に結びつくという

結果も見出されなかった。

　また，仮説 3-2 検証結果から，開発対象からより遠い概念をヒントとして用いることが，アナロジ活用においてよりも，概念結合活用において，より高いアイデア創造性に結びつくという結果も見出されなかった。これは，概念結合活用，アナロジ活用いずれであっても，アイデア創造性に結びつくのはあくまでも，その組み合わせに用いられる概念間距離（遠さ）であって，概念結合活用あるいはアナロジ活用という概念組み合わせパターンではないことを示唆する。この知見は，Welling（2007）あるいは永井ら（2009）の知見とは整合しない。Welling（2007），永井ら（2009）は概念結合活用の方がより高いアイデア創造性につながることを主張した。Welling（2007）の場合，それは，アナロジ活用によって生じた新たな概念は，別の概念から転送された既存の構造を含むものに過ぎないと考えたからであった。永井ら（2009）の場合，それは，アナロジ活用によって生じた新たな概念は，構造が転送された概念の 1 つの変形に過ぎないと考えたからであった。

　しかし，アナロジ活用にしろ，概念結合活用にしろ，組み合わせの対象となる概念やそれを構成する構造を含む諸属性は既存のものであるが，これまで組み合わされてこなかった概念同士あるいは概念を構成する諸属性同士が組み合わされることにより，新たな意味上の特徴が生じると考えれば，アナロジ活用についても概念結合活用と同じように，そのパターンではなく，その組み合わせに用いられる概念間距離（遠さ）がアイデア創造性に結びつくとの説明がつく。しかしこれら先行研究の主張を踏まえれば，本知見のさらなる追証が必要である。

■ 4-2　概念結合活用，アナロジ活用の促進

　仮説 4-1 および 4-2 検証結果から，概念結合活用を例示により促せば，人はより確実に，概念結合活用に至ることが示唆され，また，その例示の内容が開発対象の概念から遠い概念をヒントとして用いた例であれば，そのようなヒントを用いた概念結合活用に至ることが示唆される。

　仮説 5-1 および 5-2 検証結果から，アナロジ活用を例示により促せば，人はより確実に，（ベースとなるものを与えずとも）アナロジ活用に至ることが示唆さ

れ，また，その例示の内容が開発対象の概念から遠い概念をヒントとして用いた例であれば，そのようなヒントを用いたアナロジ活用に至ることが示唆される。

■ 4-3　概念結合活用とアナロジ活用の関係

仮説 4-1, 5-1 検討の際に，アナロジ活用が促された被験者の一部は，概念結合活用に至り（表 2-3，アナロジ活用促進群 53 人中 13 人），概念結合活用が促された被験者の一部は，アナロジ活用に至った（表 2-3，概念結合活用促進群 62 人中 7 人）ことが見出された。これらの理由を考えるとき，まず Gentner & Markman（1997）による，「アナロジ」思考・「見かけの類似性」思考の説明が参考になる。彼らによっては，両思考とも同じ概念間の類似性に基づく思考であるが，アナロジ思考は，概念間の構造類似のみに基づく思考であり，見かけの類似性思考は，概念間の表面類似のみに基づく思考と説明される。例えば，アナロジ思考とは，惑星の動きと水上のボートを比較するようなことであり，見かけの類似性思考とは，惑星と丸いボールを比較するようなことである（Gentner & Markman 1997）。一方，本研究では，アイデア開発のためのアナロジ活用とは，「ベースに内在する構造を，ターゲットに転送することで，その構造と類比的な構造を内在した新たな概念すなわちアイデアを得ること」と定義された。それは例えば，「コロコロ」がごみを粘着面に付着させて取るという構造を，消臭芳香剤に転送し，臭いのもとを粘着面に付着させて消臭する消臭芳香剤のアイデアを得るようなことである。そこで併せて，アイデア開発のための「見かけの類似性」活用を考えたとき，それは，「ベースの表面上の特徴を，ターゲットに転送することで，その表面上の特徴と類比的な特徴を持った新たな概念すなわちアイデアを得ること」を意味するといえる。例えば，ぬいぐるみの外見上の特徴を，消臭芳香剤に転送し，ぬいぐるみのような外見の消臭芳香剤のアイデアを得るようなことである。この見かけの類似性活用とはしかし，構造の転送を伴わずに，ベースの外見上の特徴がターゲットに合わされることとなることから，互いに異なる概念を心的に混合するという概念結合活用とほぼ区別がつかない。そのことを踏まえれば，アナロジ活用が促された被験者の一部が概念結合活用に至った理由として，次が考えられる。アナロジ活用が促

され，ヒントとなるものと開発対象との間の構造類似に注目しようとしても，表面類似にしか注目できず，見かけの類似性思考に至ったケースがあった。そのようなケースが，概念結合活用として評価された。特に Gentner & Markman（1997）によれば，概念間の構造類似への注目には，関連分野の知識が求められるが，表面類似への注目は，関連分野の知識が乏しくてもできる。本調査の被験者は大学生であり，課題についての関連知識がまだ十分に発達していないことが想定される。そのことから，アナロジ活用が促されても，表面類似に注目した被験者がいたことが考えられる。

　さらに，Holyoak & Thagard（1995）にもとづけば，概念結合活用が促された被験者の一部がアナロジ活用に至った理由として，次が考えられる。概念結合活用が促されても，ヒント探索の結果，課題とヒントとなる概念に内在する構造に類似性を見出したしたがゆえに，ヒントとなる概念の構造が開発対象に転送されたケースがあった。そのようなケースが，アナロジ活用として評価された。

5　知　見

　本研究で得られた知見は次のようにまとめられる。アイデア開発において，

①概念結合活用，アナロジ活用ともにそれぞれ，開発対象からより遠い概念をヒントとして用いれば，より高いアイデア創造性に結びつく。

②概念結合活用，アナロジ活用のいずれかの方が，より高いアイデア創造性に結びつくことは認められない。

③概念結合活用，アナロジ活用を例示により促せば，開発者はより確実にそれらに至る。

④（概念結合活用，アナロジ活用を例示により促す際に）その例示が開発対象の概念から遠い概念をヒントとして用いる例であれば，そのようなヒントを用いてそれらに至る。

⑤概念結合活用とアナロジ活用は同じ概念組み合わせであるが，概念間の構造類似にもとづく構造転送の有無で区別される。アナロジ活用が促さ

れても構造転送が伴わず，概念結合活用となることがあり，概念結合活用が促されても構造転送が伴い，アナロジ活用となることがある。

　今後の課題として次があげられる。この知見は，特定のアイデア開発課題を用いた，特定の経営学部生を対象とした調査結果から導かれたものである。今後はこの仮説を，他のアイデア開発課題や他の被験者によって，あるいは他の方法によって検証してその知見の妥当性を高めなければならない。特に仮説として，開発対象の概念から遠い概念をヒントとして用いた例示により概念結合活用・アナロジ活用を促した時，開発対象の概念からより遠い概念がヒントとして用いられることを設定した。しかしその仮説検証にあたっては，その例示内容における概念間距離の操作が十分ではなかった。今後，例示の内容の操作を厳密に行った上で，知見を確認する必要がある。

　しかし本研究の貢献として，次をあげることができる。開発実務において，アイデア創造性のために，開発者に，概念結合活用あるいはアナロジ活用を例示により促すことが推奨される。概念結合活用，アナロジ活用のどちらであっても，アイデア創造性の程度は変わらないであろう。

参 考 文 献

Benjamini, Y., & Hochbrg, Y. (1995) "Controlling the False Discovery Rate: A Practical and Powerful Approach to Multiple Testing," *Journal of the Royal Statistical Society Series B (Methodological)*, 57(1), 289-300.

Casakin, H. (2004) "Visual Analogy as a Cognitive Strategy in the Design Process: Expert Versus Novice Performance," *Journal of Design Research*, 4(2), 197-217.

Chan, J., & Schunn, C. D. (2015) "The Importance of Iteration in Creative Conceptual Combination," *Cognition*, 145, 105-115.

Cohen, J. (1992) "A Power Primer," *Psychological Bulletin*, 112(1), 155-159.

Csikszentmihalyi, M. (1996) *Creativity - Flow and the Psychology of Discovery and Invention*, HarperCollins.（浅川奇洋志（監訳）(2016)『クリエイティヴィティ―フロー体験と創造性の心理学』世界思想社.）

Dahl, D. W., & Moreau, P. (2002) "The Influence and Value of Analogical Thinking During New Product Ideation," *Journal of Marketing Research*, 39, 47-60.

Fauconnier, G. (1994) *Mental Spaces 2nd ed.*, Cambridge University Press.

Finke, R. A., Ward, T. B., & Smith, S. M. (1992) *Creative Cognition: Theory, Research, and Applications*, The MIT Press（小橋康章（訳）（1999）『創造的認知―実験で探る クリエイティブな発想のメカニズム』森北出版.）

Gentner, D., & Markman, A. B.（1997）"Structure Mapping in Analogy and Similarity," *American Psychologist*, 52(1), 45-56.

Hampton, J. A.（1996）"Conceptual Combination," In: Lamberts, K., & Shanks, D.（Eds.）*Knowledge, Concepts and Categories*, UCL Press, 133-160.

Holyoak, K. J., & Thagard, P.（1995）*Mental Leaps: Analogy in Creative Thought*, The MIT Press.

Kalogerakis, K., Luthje, C., & Herstatt, C.（2010）"Developing Innovations Based on Analogies: Experience from Design and Engineering Consultants," *Journal of Product Innovation Management*, 27, 418-436.

Keane, M. T., & Costello, F.（2001）"Setting Limits on Analogy: Why Conceptual Combination Is Not Structural Alignment," In: Gentner, D., Holyoak, K. J., & Kokinov, B. N.（Eds.）*The Analogical Mind*, The MIT Press, 287-312.

Landis J. R., & Koch G. G.（1977）"The Measurement of Observer Agreement for Categorical Data," *Biometetrics*, 33, 159-174.

Mobley, M. I., Doares, L. M., & Mumford, M. D.（1992）"Process Analytic Models of Creative Capacities: Evidence for the Combination and Reorganization Process," *Creativity Research Journal*, 5(2), 125-155.

Schmidt, R. C.（1997）"Managing Delphi Surveys Using Nonparametric Statistical Techniques," *Decision Sciences*, 28, 763-774.

Scott, G., Leritz, L. E., & Mumford, M. D.（2004）"The Effectiveness of Creativity Training: A Quantitative Review," *Creative Research Journal*, 16(4), 361-388.

Welling, H.（2007）"Four Mental Operations in Creative Cognition: The Importance of Abstraction," *Creativity Research Journal*, 19, 163-177.

Wilkenfeld, M. J., & Ward, T. B.（2001）"Similarity and Emergence in Conceptual Combination," *Journal of Memory and Language*, 45, 21-38.

Wisniewski, E. J.（1997）"Conceptual Combination: Possibilities & Esthetics," In: Ward, T. B., Smith, S. M., & Vaid, J.（Eds.）*Creative Thought: An Investigation of Conceptual Structures & Processes*, American Psychological Association, 51-81.

Zahner, D., Nickerson, J. V., Tversky, B., Corter, J. E., & Ma, J.（2010）"A Fix for Fixation? Representing and Abstracting as Creative Processes in the Design of Information Systems," *Artificial Intelligence for Engineering Design, Analysis and Manufacturing*, 24, 231-244.

磯野　誠・高橋佳代（2019）「新製品アイデア開発における視覚化とアナロジ活用の効果」『国民経済雑誌』220(6), 1-17.

永井由佳里・田浦俊春・向井太志（2009）「創造的概念生成プロセスにおける概念合成と差違性の役割―言語解釈タスクとデザインタスクの比較」『認知科学』16(2), 209-230.

おわりに

　ここでは，第1章から第2章にかけて記述した研究知見をまとめる。第1章では，アイデア開発における視覚化とアナロジの活用，およびそれらの関係を調べた。第2章では，アイデア開発における概念結合とアナロジの関係，およびそれらの関係を調べた。それらの知見をまとめれば，次のようになる。

■ 1　第1章からの知見

　視覚化活用とアナロジ活用の定義については，次のとおりである。

　視覚化活用：ある2つ以上の異なる心的イメージを心的に合成させることにより，あるいは心的イメージの部分や全体を変形させることにより，その結果として何らかの創造的発見を得ようとする試み。

　アナロジ活用：アナロジ（構造上の類似点）が存在するある2つの概念において，片方の概念（ベース）に内在する構造を，もう片方の概念（ターゲット）に転送することにより，何らかの創造的発見を得る試み。
　　例えば，水に内在する，水の波が伝播するという構造を，音に転送することで，音においても，音の波が伝播するという構造のアイデアを得るようなこと。

本研究の知見は次のようにまとめられる。アイデア開発課題において，

（認知プロセス活用→アイデア創造性）
①視覚化活用，アナロジ活用ともそれぞれ，アイデア創造性の実現に結びつく。
②視覚化活用の，アナロジ活用によるアイデア創造性実現への影響は認め

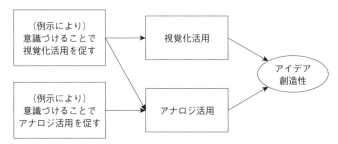

図1　視覚化活用，アナロジ活用，それらの促進，それらの活用によるアイデア創造性への効果

　られない。

　③視覚化活用とアナロジ活用の両方がなされれば，それらのアイデア創造
　　性への効果は合計され得る。

（認知プロセス活用の促進→認知プロセス活用）

　④視覚化活用，アナロジ活用を（例示により）意識づけ促せば，開発者はそ
　　れらに至る。

　⑤視覚化活用，アナロジ活用の両方を（例示により）意識づけ促すことで，
　　視覚化活用とアナロジ活用に至る。

　⑥視覚化活用のみを（例示により）意識づけ促すことでも，視覚化活用とア
　　ナロジ活用の両方に至る。

　視覚化活用，アナロジ活用，それらの促進，それらの活用によるアイデア創
造性への効果については，図1のようにまとめることができる。

■ 2　第2章からの知見

概念結合活用とアナロジ活用の定義については，次のとおりである。

　概念結合活用（広義）：既存の互いに異なる概念を取り上げて，心的に混合
　することにより，何らかの創造的発見を得る試み。
　　例えば，「ホーム」と「ページ」を心的に混合して，新たな概念となる
　「ホームページ」なるものを想像し，インターネットサイトの最初のペー

ジというアイデアを得るようなこと。

概念結合活用（狭義）：既存の互いに異なる概念を取り上げて，心的に混合することにより，何らかの創造的発見を得る試み。その心的混合には，アナロジが存在する2つの概念間においての，片方の概念からもう片方の概念への構造の転送を伴ったものは含まれない。

アナロジ活用：アナロジ（構造上の類似点）が存在するある2つの概念において，片方の概念（ベース）に内在する構造を，もう片方の概念（ターゲット）に転送することにより，何らかの創造的発見を得る試み。
　例えば，水に内在する，水の波が伝播するという構造を，音に転送することで，音においても，音の波が伝播するという構造のアイデアを得るようなこと。

本研究の知見は次のようにまとめられる。アイデア開発において，

（認知プロセス活用→アイデア創造性）
①概念結合活用，アナロジ活用の際ともに，開発対象からより遠い概念をヒントとして用いれば，より高いアイデア創造性に結びつく。
②概念結合活用，アナロジ活用のいずれかの方が，より高いアイデア創造性に結びつくとはいえない。

（認知プロセス活用の促進→認知プロセス活用）
③概念結合活用，アナロジ活用を例示により促せば，開発者はより確実にそれらに至り，
④例示が開発対象の概念から遠い概念をヒントとして用いる例であれば，そのようなヒントを用いてそれらに至る。
⑤概念結合活用とアナロジ活用は同じ概念組み合わせであるが，概念間の構造類似にもとづく構造転送の有無で区別される。アナロジ活用が促されても構造転送が伴わず，概念結合活用となることがあり，概念結合活

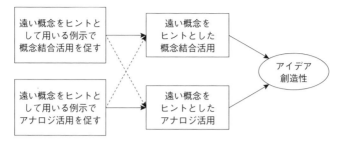

図2　概念結合活用，アナロジ活用，それらの促進，それらの活用によるアイデア創造性への効果

用が促されても構造転送が伴い，アナロジ活用となることがある。

　概念結合活用，アナロジ活用，それらの促進，それらの活用によるアイデア創造性への効果については，図2のようにまとめることができる。

第Ⅰ部

第Ⅱ部

第Ⅲ部

55

コラム① 描いて考えることの意義

　先日参加したある学会で，芸術を専門として学ばない学生に対して，（芸術教育では一般的な）自己表現のために，「描いて考える」ことの有効性を教えることの意義をテーマした報告があり，興味深く聞いた。

　「考えて描く」，すなわちあるものを考えた上で，その考えたものを視覚的に表現すべく描くということに対しては，誰しもが特に違和感を感じないだろう。しかし「描いて考える」，すなわちまず何か描いてみて，そこから考えるということに対しては，それはどういうことか，そのようなことがあり得るのかと違和感を感じるかもしれない。

　しかしこの「描いて考える」ことの意義は，アメリカの有力なデザイン会社 IDEO の共同設立者の一人であり，デザイン思考を提唱した Tim Brown が，*Harvard Business Review* June 2008 上の論文 "Design Thinking" で主張していることでもある。ある飲料メーカーの優れたクリエイティブディレクターも，以前，同社の開発についてお聞きしたとき，そのデザイン開発やコンセプト開発において，「描いて考える」ことを実践していることをおっしゃっていた（磯野 2014；2011）。彼らに限らず，一般にデザイナーは「アイデアスケッチ」と呼ばれるごくラフなスケッチを描きながらアイデアを考える教育を受け，またそれを開発で実践している。さらには開発プロセスとしても，アイデアの延長となるコンセプトを確定してからデザインを開発するというやり方をとる企業もあれば，コンセプト開発はデザイン開発と並行し，デザインの影響を受けながら展開され確定されるというやり方をとる企業もあることが分かっている（Isono 2011）。

　第 1 章で記述したように，Pylyshyn（1973）によれば，人の心の中に浮かぶ心的イメージは，上位の（言語的）心的表象システムの付随的なものであり，単にその人の考えを反映したものである。Kosslyn et al.（2006）によれば，心的イメージは，（言語的表象システムとは）別の心的表象システム上にある媒体であり，それはまた（言語的表象システム上の）知識の引き出しをもたらす性質を持つ。Finke et al.（1992）によれば，

視覚化による心的イメージの心的合成は，それが知識の組み合わせにつながり，新しい発見をもたらす。

「考えて描く」過程は，Pylyshyn（1973）にもとづいて説明できそうであり，「描いて考える」過程の意義は，Kosslyn et al.（2006），Finke et al.（1992）で説明できそうである。そして本書の第1章で記述した研究知見は，やはり視覚化を活用することが，アイデアの創造性の実現につながりそうであることを示唆するものである。しかもそれは，Kosslyn et al.（2006），Finke et al.（1992）が別にデザイナーに限るものであることを主張していたわけではないように，視覚化の訓練を積んできたデザイナーでない一般の開発者でも可能であることを示唆するものでもある。

参 考 文 献

Brown, T.（2008）"Design Thinking," *Harvard Business Review*, June 2008.

Finke, R. A., Ward, T. B., & Smith, S. M.（1992）*Creative Cognition: Theory, Research, and Applications*, The MIT Press（小橋康章（訳）（1999）『創造的認知—実験で探るクリエイティブな発想のメカニズム』森北出版．）

Kosslyn, S. M., Thompson, W. I., & Ganis, G.（2006）*The Case for Mental Imagery*, Oxford University Press．（武田克彦（監訳）（2009）『心的イメージとは何か』北大路書房．）

Pylyshyn, Z. W.（1973）"What the Mind's Eye Tells the Mind's Brain: A Critique of Mental Imagery," *Psychological Bulletin*, 80, 1-24.

Isono M.（2011）"The Build to Think Orientation - When an Organization Uses Design for the New Product Concept Development," *The Proceedings of 18th International Product Development Management Conference*, 157.

磯野　誠（2011）「創造的視覚化を活用する新製品コンセプト開発」『季刊マーケティング・ジャーナル』120，43-58.

磯野　誠（2014）『新製品コンセプト開発におけるデザインの役割』丸善出版.

　アナロジ活用に関する研究や実務書によっては，アナロジ活用に際して，より構造の転写がなされることが重要であることが主張され（例えば細谷 2011），またより経験を積んだ開発者は，より構造転写に長けており，よりそれを好むことが示されている（例えば Ozkan & Dogan 2013）。

　ここで構造転写がなされたアナロジ活用とは例えば，「コロコロ」がごみを粘着面に付着させて取るという構造を，消臭芳香剤に転送し，臭いのもとを粘着面に付着させて消臭するという新しい消臭芳香剤のアイデアを得ることであり，構造転写がなされていないアナロジ活用とは例えば，ぬいぐるみの外見上の特徴を，消臭芳香剤に転送し，ぬいぐるみのような外見の新しい消臭芳香剤のアイデアを得ることであり，それは表面上の特徴の合成になるから結局，概念結合活用と同じである。

　一方，第2章の研究からは，概念結合活用，アナロジ活用のいずれかの方が，より高いアイデア創造性に結びつくとはいえないことが見出された。さらに，概念結合活用，アナロジ活用の際ともに，開発対象からより遠い概念をヒントとして用いることが，より高いアイデア創造性に結びつくことが示唆された。すなわち本研究の知見は，上述のアナロジ活用に関する研究や実務書による，アナロジ活用に際して構造転写が重要であることの主張を支持するものとはならなかった。

　JR 西日本の電車内で見かける「ちょっとちょっとなマナーいきものペディア」なる車内マナー啓発広告は，「大声での会話はうるサーモン」など，いきものの名前とマナー行為のフレーズをダジャレのように組み合わせて，それを表すかわいいイラストで守るべき車内マナーを伝えるものである（図1）（「サーモン」がいきものかについては異論があるであろうが）。一連のこの広告はどれも，おかしくもしっかりと伝えるべきことは伝えているし，このタイプの広告が長らく用いられているのはおそらく乗客からも評判がよいからであろう。また鳥取県内には，「すなばコーヒー」という喫茶店が展開しているが，これはもともと，鳥取県知事がいった「鳥取にはすなばはあるけどスタバはない」というダジャレをもとにして，

図1　JR西日本さわやかマナーキャンペーン

（株式会社JR西日本コミュニケーションズ　ホームページ https://www.jcomm.co.jp/works/archive/ad_sales/manner_ikimono.html）

立ち上げられたものである。そのダジャレや「すなばコーヒー」がどれほど品がいいかはともかく，現実にこの「すなばコーヒー」は恐らく特に観光客には大きく支持されているがゆえに，拡大に至っているのであろう。

　そのように見れば確かに，構造転写のなされていないアナロジ活用すなわち概念結合であっても，概念の組み合わせの仕方によっては，十分に創造性のあるアイデアが生じることに納得がいくように思われる。

参考文献

Ozkan, O., & Dogan, F. (2013) "Cognitive Strategies of Analogical Reasoning in Design: Differences between Expert and Novice Designers," *Design Studies*, 34(2), 161-192.

細谷　功（2011）『アナロジー思考―「構造」と「関係性」を見抜く』東洋経済新報社.

第Ⅱ部

ビジョニングによるアイデア創出

はじめに

■ 1 問題意識

新製品・サービスのアイデア開発のためのアプローチとして近年注目される
ものに，ビジョニング，すなわち未来市場に対していかに技術的に接近できる
かを洞察し，技術からその未来市場の実現に繋がるような便益を見出す能力
(O'Connor & Veryzer 2001)，あるいはそのビジョニング概念導出の際に参照さ
れたバックキャスティング，すなわち「すでに起こった未来」のストーリーを
想像し，戦略的示唆を得る（西村 2010），といったものがある。これらはいずれ
も，まずある未来の状態を想像した上で，それを実現するための戦略，便益や
新製品・サービスのアイデアを考えるという点で共通する。ビジョニングが注
目される理由とは，それが開発の明確な見通しとなることで急進的なイノベー
ションの実現を促す（O'Connor & Veryzer 2001），またそれが必然的に発散的に
なりがちなアイデアの探索努力を収束的にさせ，開発の成功確率を高めると考
えられるからである（Reid & Brentani 2014；Reid et al. 2014）。

ビジョニングのベースには，想像という心的活動が存在するとされる
(O'Connor & Veryzer 2001)。ゆえに本研究では，ビジョニングを認知心理学の
一分野である創造的認知研究で扱われる想像の応用として捉え議論する。創造
的認知研究とは，創造的な行為や創造的産物に貢献する特定の認知的過程や構
造を同定することを試みる創造性研究の1つのアプローチである（Finke et al.
1992)。想像とは，Finke et al.（1992）によっては，何らかの目標を意識して，
未知のものについてのアイデアを生成することと定義される。さらに Finke et
al.（1992）は，想像の性質を次のように説明する。すなわち想像によって，全く
の新規なアイデアが創出されるとしてもそれは，開発者の記憶の中の知識の引
き出しに依存し，それは異なる既存の知識の組み合わせや構造化であり，また
それは既存の知識の枠組みに影響される特徴をもつ（Finke et al. 1992）。したが
って想像によって創出されるアイデアとは，ある程度予測可能なものである。

　先行研究において，ビジョニングの性質（O'Connor & Veryzer 2001），その構造（Reid & Brentani 2014），そのアイデア開発における意義や効果（Lynn & Akgun 2001；Reid et al. 2014）が説明されてきた。それらは主に組織能力としての側面からの理解であった。それらに対して，ビジョニングにおける認知プロセスの理解，すなわちビジョニングが想像をベースとしていかにしてアイデアをもたらすのかを直接的に理解しようとするものは見当たらない。しかしそのことを理解することで，ビジョニングによって創出されるアイデアを，その元となった知識やその構造化の過程からある程度推測できることが考えられ，そのことによってより効率的にイノベーションにつながるアイデアを探索し特定できることが考えられる。

　そこで以降では，ビジョニングを想像の応用として捉えた上で，ビジョニングによりいかにしてアイデアがもたらされるのかを理解し，それによりイノベーションにつながるアイデアはいかにして創出され得るのかを検討する。

■ 2　ビジョニングの定義と性質

1）ビジョニングによる製品アイデア創出の定義

　ビジョニングとは，O'Connor & Veryzer（2001）によって提唱された概念である。彼らは急進的イノベーション実現のためには，ビジョニングと呼ばれる組織能力によって，最新の技術と市場とを結びつけることが重要であることを主張した。O'Connor & Veryzer（2001）はビジョニングとは，Jolly（1997），Hamel & Prahalad（1994），Davis（1987）等に依拠し，技術的イノベーションのベースにある想像力であり，未来市場に対していかに技術的に接近できるかを洞察し，技術からその未来市場の実現に繋がるような便益を見出す能力と説明した。また Lynn & Akgun（2001）は，ビジョンを，何らかの望まれる未来の状態と定義し，それがいかに効果的な製品の特定に結びつくのかを問題とした。

　O'Connor & Veryzer（2001）がビジョニング概念を導出する際に依拠したのは，バックキャスティングと呼ばれる思考アプローチである。バックキャスティングとは，技術による急進的イノベーション実現に限らず一般的な革新的アイデア創出や経営体制革新のため等と幅広く用いられている考え方であるが，

第Ⅰ部

第Ⅱ部

第Ⅲ部

Davis（1987）はそれを，現時点での企業の実像とX年先における未来像とを明確につかみ，実像を未来像へと変えるためにはどんな変革が必要なのかを考えることと説明した。一方，西村（2010）は，バックキャスティングとは，「戦略的示唆を得るために未来に起こりうるシナリオを描く際に求められるもの」とし，それには「すでに起こった未来」のストーリーを想像することを含むと説明した。

O'Connor & Veryzer（2001）によるビジョニング，Lynn & Akgun（2001）によるビジョン，Davis（1987）や西村（2010）等によるバックキャスティングとはいずれも，未来の市場等の状態を想像することで共通する。その上でO'Connor & Veryzer（2001）によるビジョニングとは，未来の市場を実現させるように技術から便益を見出すことであり，Lynn & Akgun（2001）によるビジョンとは，未来の状態をもとに効果的な製品を開発することであり，バックキャスティングとは未来の状態を実現させるように企業変革を行ったり，戦略を策定することである。

ここでO'Connor & Veryzer（2001）によって議論されてきたビジョニングとは，新技術を市場創出に結びつける急進的技術的イノベーションに関するものであったが，ビジョニングのビジョン想像プロセスに焦点を当てる場合には，新技術だけでなく既存技術をもって新しい意味的価値を実現することで新市場創出に結びつける場合も考えられ，Lynn & Akgun（2001）によるビジョニング，あるいはバックキャスティングがそうである。本研究ではビジョニングの，技術的イノベーションに限らず市場的イノベーションをも含めたイノベーション実現に対する効果を検討したい。そこで本研究では，新製品・サービス開発の文脈におけるビジョン，ビジョニング，およびビジョニングによるアイデア創出を，次のように定義する。すなわちビジョンとは，開発対象分野においての顧客が望むような未来の状態である。ビジョニングとは，開発対象分野においての新たな製品・サービス開発のために，ビジョンを想像することである。ビジョニングによるアイデア創出とは，開発対象分野に関して，ビジョンを想像した上で，そのビジョンを実現するための新製品・サービスアイデアを創出することである。

2)　創造性プロセスの特徴を持つビジョニング

O'Connor & Veryzer（2001）は，ビジョニングの性質を明らかにすべく事例研究を行った。その結果，ビジョニングが実践される主要な流れの1つとは，未来に対する何らかの見通しを立てることにより，新たなコア・コンピタンスを獲得するものであることを示した。またビジョニングのプロセスとは，モティベーション，インサイト，修正展開の三段階からなること，モティベーションにおいては，知識の結びつきや飛躍が存在することを指摘した。さらにビジョニングの推進は，ルミネーター（思考者），チャンピオン（推進者），インプレメンター（実行者）の3種の役割による働きによってなされるとした上で，ルミネーターとは，幅広い経験を背景とし，未来を思考することに時間を費やし，現在のビジネスよりも遥か先を見通すことで情報の断片を結びつけることができる人材であると指摘した。その後，Reid & Brentani（2014）が，組織コンピタンスとしてのビジョニングとは，①個人が持つ人脈，②個人によるアイデア推進，③組織の市場志向，④組織の市場学習の4要素から構成されることを示した。その上で①と③とは拡散的思考に関わるものであり，②と④とは収束的思考に関わるものだと主張した。

ところで，創造性の創出には，異種の知識の結びつき試行による多様なアイデア探索が求められる（Finke et al. 1992；Amabile 1996）。多様なアイデアの探索はまた，拡散的思考と呼ばれる（Mayer 1992；Guilford 1959）。創造性創出の過程を創造性プロセスと呼べば，O'Connor & Veryzer（2001）によるビジョニングプロセスの説明，Reid & Brentani（2014）によるビジョニング概念の構成要素の説明はいずれも，ビジョニングとは創造性プロセスの特徴を持つことを示すものである。

どのようなビジョンが，どのような効果をもたらすかについて，Lynn & Akgun（2001）は，ビジョンの明確さ，ビジョンに対する支援，ビジョンの安定性が，効果的な製品の特定に結びつくことを示した。Reid et al.（2014）は，ビジョンが開発目標を示し，組織成員を引きつけるものであり，明確で具体的であるとき，それはアイデア革新性実現，技術的競争優位の獲得，社内資源の獲得に繋がることを示した[1]。

3）ビジョニングにおける認知プロセスの理解の必要性

このように先行研究においてビジョニングとは，未来の状態の想像がそのベースにあることが言及され，それは創造的特徴を持つことが示される。そして以降に見るように想像とは，創造的認知的特徴を持つことが示される。しかしその想像の創造的認知的特徴を踏まえるとき，ビジョニングとは，どのような認知プロセスによって革新的な製品・サービスのアイデア創出に貢献するのかについては，議論されてきてはいない。

そこで以降では，まず第3章で，ビジョニングによりいかにしてアイデアがもたらされるのか，そのときの認知プロセスはどのようなものかを理解する。その上で第4章で，ビジョニングにより，イノベーションにつながるアイデアはいかにして創出され得るのかを検討する。

参 考 文 献

Amabile, T. M.（1996）*Creativity in Context: Update to the Social Psychology of Creativity*, Westview Press.

Davis, S. M.（1987）*Future Perfect*, Addison-Wesley.（日下公人・深谷順子（訳）（1988）『フューチャー・パーフェクト』講談社.）

Finke, R. A., Ward, T. B., & Smith, S. M.（1992）*Creative Cognition: Theory, Research, and Applications*, The MIT Press.（小橋康章（訳）（1999）『創造的認知—実験で探るクリエイティブな発想のメカニズム』森北出版.）

Guilford, J. P.（1959）"Three Faces of Intellect," *American Psychologist*, 14(8), 469-479.

Hamel, G., & Prahalad, C. K.（1994）*Competing for the Future*, Harvard Business School Press.（一條和生（訳）（2001）『コア・コンピタンス—経営未来への競争戦略』日本経済新聞社.）

Jolly, V. K.（1997）*Commercializing new technologies*, Harvard Business School Press.

Lynn, G. S., & Akgun, A. E.（2001）"Project Visioning: Its Components & Impact on New Product Success," *Journal of Product Innovation Management*, 18, 374-387.

Mayer, R. E.（1992）*Thinking, Problem Solving, Cognition 2nd ed.*, Freeman.

Mobley, M. I., Doares, L. M., & Mumford, M. D.（1992）"Process Analytic Models of Creative Capacities: Evidence for the Combination and Reorganization Process,"

1）Reid et al.（2014）がビジョニングの効果として示したのは，アイデアの顧客（リードユーザー）受容性，満足，ニーズ適合からなる顧客との初期成功（early success with customers）であるが，それをここではアイデア革新性と表現した。

Creativity Research Journal, 5(2), 125-155.

O'Connor, G. C., & Veryzer, R. W. (2001) "The Nature of Market Visioning for Technology-Based Radical Innovation," *Journal of Product Innovation Management*, 18, 231-246.

Reid, S. E., & Brentani, U. (2014) "Building a Measurement Model for Market Visioning Competence & Its Proposed Antecedents: Organizational Encouragement of Divergent Thinking, Divergent Thinking Attitudes, & Ideational Behavior," *Journal of Product Innovation Management*, 32(2), 243-262.

Reid, S. E., Roberts, D., & Moore, K. (2014) "Technology Vision for Radical Innovation and Its Impact on Early Success," *Journal of Product Innovation Management*, 32 (4), 593-609.

西村行功（2010）『戦略思考のフレームワーク―未来を洞察する「メタ思考」入門』東洋経済新聞社.

第
Ⅰ
部

第
Ⅱ
部

第
Ⅲ
部

第 3 章

ビジョニングによるアイデア創出における認知プロセス

　本章では，ビジョニングによりアイデアがもたらされるときの認知プロセスの理解を試みる。第 1 節において，創造的認知研究における想像の性質についての知見をもとに，ビジョニングによるアイデア創出における認知プロセスを説明するモデルを仮説的に導出する。第 2 節においてビジョニングを用いたアイデア創出の複数事例を調べ，第 3 節においてその結果を示す。第 4 節においてその結果をもとに，モデルの妥当性を考察し，第 5 節において知見をまとめる。

1 　理論背景

■ 1-1 　創造的認知における想像の原理

　想像とは認知心理学研究の観点からは，Ward et al.（2002）や Finke et al.（1992）等によって創造的認知プロセスの一種として説明される。ここで想像とは，Finke et al.（1992）によって，ある時点で知られていることを超えたアイデアや産出物を生成することであり，それはかつ何らかのゴールに向けたものと定義される。そしてその想像とは，新規なものの生成ながら，既存の知識の枠組みに影響されること，また人はある程度類似した知識構造を共有するゆえ，彼らの想像したものはそれらの構造から推測できるある特定の特性を共有することであろうことが明らかにされてきた（Finke et al. 1992；Ward et al. 2002）。

　その知見の 1 つとして，想像の産物とは，既知のカテゴリ事例（カテゴリに属する事例。例えば鳥カテゴリに属する鳩やペンギン）の特徴的属性（例えば鳩の翼，羽毛，くちばし）に関する知識の構造化によることが明らかにされてきた。例えば，何らかの既知の 2 種以上のカテゴリ事例を想起し，そのそれぞれの特徴的属性

（の知識）を心的に組み合わせることで，新たなカテゴリ事例が生成されると説明される（Finke et al. 1992；Ward et al. 2002）。ここで「カテゴリ」とは，概念知識の構造を表す考え方の1つであり，あるルールに従った階層的な「カテゴリ」という形で保持された知識を指す（清水 2004）。また概念知識とは，対象に含まれる事例の共通特性（属性）などを抽象したものである（清水 1983）。想像研究において，「カテゴリ」という概念知識の捉え方が用いられるのは，それが想像は知識の構造化であることを示すのに役立つからである[1]。しかし本研究においては，その焦点は想像における知識の構造化の理解を精緻化することではなく，想像の知見を応用することによりビジョニングの認知プロセスの理解を試みることにある中で，「カテゴリ」を用いることは，そのプロセスの記述をかえって煩雑にする。そこで以下では「カテゴリ」を用いずに，単に概念知識あるいは概念を用いることとする。

　また一連の想像研究はその知見を，事例生成パラダイムと呼ばれる枠組みによる実験から導出しているが，それは被験者に概念の組み合わせを促すものである（Finke et al. 1992；Ward et al. 2002）[2]。これはすなわち，想像とは概念組み合わせがその認知プロセスの基盤であることが前提とされていることを示す。そしてその概念組み合わせとはまた，認知心理学研究において議論されてきた創造的認知プロセスの一種である。これらのことを踏まえれば，想像の認知プロセスにおいては，何らかの既知の2種以上の概念を想起し，そのそれぞれの特徴的属性（の知識）を心的に組み合わせることで，新たな概念が生成されるとの説明が可能である（図 3-1）。そしてそのような新たな概念は，組み合わせの元となった概念の性質や，その組み合わせの仕方により，その元の概念には典型的に見られないような特徴を備えたり，その解釈によりあいまいさを伴うものとなり得るという意味で，創造的であり得る（Finke et al. 1992；Wilkenfeld & Ward 2001；Mobley et al. 1992）。その新たな概念は解釈され，課題に対して満

---

1) 例えば Ward et al.（2002）は，人はできるだけ新しいものを想像するときであっても，あるカテゴリのより典型的な事例を用いる傾向にあること，それはそのような事例がより思いつきやすいからであることを示した。
2) 具体的には，銀河系のどこか別の場所にあるが地球と大きさや地形や気候は似通った惑星を想像し，その上でその惑星に棲む生物の絵を描くといったような教示である。

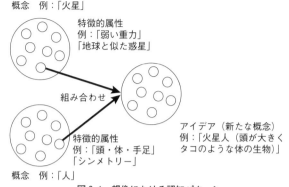

概念　例：「火星」

特徴的属性
例：「弱い重力」
　　「地球と似た惑星」

組み合わせ

特徴的属性
例：「頭・体・手足」
　　「シンメトリー」

概念　例：「人」

アイデア（新たな概念）
例：「火星人（頭が大きく
タコのような体の生物）」

図 3-1　想像における認知パターン

足であればそれがアイデアとして採用される。そうでなければ別の概念の特徴的属性との組み合わせが試行され，また別の新たな概念が生成され，解釈される。そのように新たな概念の生成と解釈の試行が繰り返される（Finke et al. 1992）。

■ 1-2　ビジョニングの 2 段階想像モデル

Ward et al.（2002）や Finke et al.（1992）による想像の説明によれば，開発者が新製品やサービスのアイデアを創出しようとするときの認知プロセスとは，想像として捉えることができる場合があるだろう。そしてその認知プロセスにおいては，異なる 2 種以上の概念それぞれの特徴的属性の組み合わせ試行によってアイデアが創出されると説明できる。その上で本研究が関心を持つビジョニングについて，その定義からそれは次のような認知プロセスからなることが考えられる（図 3-2）。それは，いったんビジョンを想像した上で，製品・サービスを想像するという，いわば 2 段階の想像からなるプロセスをとる。その製品・サービスを想像することがすなわち，製品・サービスアイデアを創出することとなる。

ビジョン想像の際には，何らかの既知の 2 種以上の概念それぞれの特徴的属性（概念（X）の特徴的属性（x）と，概念（A）の特徴的属性（a））の組み合わせ試行がなされ，その組み合わせの結果が新たな概念としてのビジョン（Y）となる。

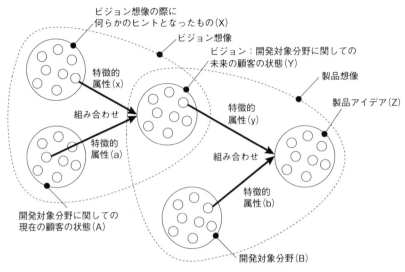

図3-2　ビジョニングの2段階想像モデル

　製品・サービス想像の際には，ビジョニングがビジョンを手がかりとして新しい製品・サービスのアイデアを創出しようとするものである以上，そのビジョンを組み合わせる片方の概念（Y）とし，その特徴的属性（y）と，開発対象分野を組み合わせるもう片方の概念（B）とし，その特徴的属性（b）を対象としてそれらの組み合わせ試行がなされ，その結果が新たな概念としての新製品・サービスのアイデア（Z）となる。

　ビジョニングとはこのような認知プロセスによって，イノベーションにつながるような新製品・サービスアイデアの創出を意図することが考えられる。このビジョニングによるアイデア創出の認知プロセスの説明を，本研究では，それが2段階の想像からなることを特徴とすることから，ビジョニングの2段階想像モデルと呼ぶ。

　このモデルでは，ビジョニングにおけるビジョンおよび製品・サービスの想像自体は，個人によることが前提とされる。それは，O'Connor & Veryzer（2001）による，ビジョニングにおける想像自体とはルミネーターと呼ばれる個人に依存しているとの知見，Reid & Brentani（2014）による，ビジョニングとは個人の拡散的思考やアイデア創出行動に起因するとの知見と整合する。

2　調　査

■ 2-1　調査課題

　先行研究レビューをもとに本研究の調査課題（RQ）を次のように設定した。すなわち①イノベーション実現を意図する新製品・サービス開発において，創造的認知的特徴をもつ想像をベースとするビジョニングとは，どのような認知プロセスによって新製品・サービスのアイデアの創出を意図するのか。②その認知プロセスを踏まえれば，ビジョニングによって導かれる製品・サービスアイデアがイノベーションにつながるものであるかは，その元となる知識からいかにして推測できるのか。

　調査課題①については，上述した先行研究から想定できる認知プロセスを前提として検討する。調査課題②については，調査課題①に対する調査結果からの知見をもとに検討する。

　ここでの開発成果の評価については，Garcia & Calantone（2002）によるイノベーション分類に依拠し，市場的新規性，技術的新規性，企業（自社）的新規性の有無を評価することにした。ここで，企業（自社）的新規性とは，市場的や技術的には新規性はなくともその企業にとって新規性が実現されたものを意味し，他の先行研究では漸進的イノベーション（Incremental innovation）と見なされるものである（Garcia & Calantone 2002）。市場的新規性とは，その企業にとっての新規性はもちろん，それが対象とする市場にとっても新規性が実現されたものを，技術的新規性とは，その企業にとっての新規性はもちろん，その技術分野においても新規性が実現されたものを，それぞれ意味する（Garcia & Calantone 2002）。市場的新規性もあり，技術的新規性もあるものは，他の先行研究では急進的イノベーション（Radical innovation）と捉えられる（Garcia & Calantone 2002）（表3-1）。

　そして市場的，技術的，企業的新規性が実現された開発プロジェクトにおいてはそれぞれ，市場的，技術的，企業的新規性のある新製品・サービスのアイデアが特定されたことを前提とした。

　またここで開発成果の評価に，Reid et al.（2014）による新製品・サービスアイデアそのものではなく，この Garcia & Calantone（2002）によるイノベーシ

表3-1　イノベーション分類

業界レベル		市場的新規性 あり		市場的新規性 なし
	企業レベル	市場の知見 あり		市場の知見 なし
技術的新規性 あり	技術的知見 あり	市場的・技術的新規性 （急進的イノベーション）	技術的新規性	技術的新規性
技術的新規性 なし		市場的新規性	企業的新規性 （漸進的イノベーション）	企業的新規性
	技術的知見 なし	市場的新規性	企業的新規性	新規性なし

Garcia & Calantone（2002）をもとに著者作成

ョン分類に依拠した理由は，彼らによるイノベーション分類の方が開発プロジェクト成果としてより直接的な上，インタビューの際により聞き取りやすいと考えられたからである。今回調査した開発プロジェクトのほとんどはそもそも，新製品・サービスアイデアを直接的には評価しておらず，それ自体を捉えることは困難であった。

　またO'Connor & Veryzer（2001）とReid & Brentani（2014）から，ビジョンの想像自体は開発者個人に依存することが指摘されてきている。したがって調査対象として，主には開発者個人に焦点を当て，開発組織については追加的に理解することとした。

■ 2-2　調査方法

　本調査課題に対して，本調査の関心であるビジョニングが採用されたと考えられる開発プロジェクトに関わった開発者を対象とした，事例調査（定性インタビュー調査）によった。本調査の焦点は，開発者がビジョニングによって，イノベーションにつながるような革新的な製品アイデアを創出するときの認知プロセスを理解し，その仮説を構築することにある。そのような理論仮説の構築には事例調査が適切とされるからである（Yin 2009；Bryman 2001；Glaser & Strauss 1967）。そして調査計画から調査実施，調査結果の分析は主に，Bryman（2001）やGlaser & Strauss（1967）が示すグランデッド・セオリー法を参考にして行った。なおYin（2009）は定性調査であってもある程度の仮説を持って進

めるべきと述べている。本定性調査では先行研究から想定できる認知プロセス
をもとに進めたが，それはその Yin（2009）に従うものである。

■ 2-3　調査対象の選択

　本調査が対象とすべき開発プロジェクトとは，イノベーションを実現したあ
るいはそれを意図した新製品・サービスアイデア創出においてビジョニングが
なされたものである。そのような開発プロジェクトに関与した開発者を対象と
するために，学術論文，実務書やインターネット，他の研究者からのアドバイ
ス等から知り得た，ビジョニングによる開発プロジェクトに関わった開発者
26 名にインタビューを行った。その内，確かにビジョニングを応用したと見な
せる開発プロジェクトに関わり，その開発プロセスを具体的に教えていただけ
た 13 名から得られた内容を分析対象とした（表 3-2）。分析対象となった開発者
はいずれも，それぞれの開発プロジェクトにおいてビジョニングを主導的に行
っていた。このうち，マーケティングディレクターが 4 名，エンジニアリング

表 3-2　インタビュイ・リスト

	インタビュイ	所属	プロジェクト分野
A	CD	メーカ	日用品
B	CD	メーカ	AV 機器
C	MD	メーカ	食品
D	CD	メーカ	食品
E	CD	フリーランス	化粧品
F	CD	フリーランス	インテリア
G	MD	大学	地域産品
H	ED	コンサル	IT
I	MD	メーカ	農業・食品
J	ED	メーカ	食品
K	MD	メーカ	アパレル
L	ED	サービス	IT
M	ED	サービス	IT

CD：クリエイティブディレクター
MD：マーケティングディレクター
ED：エンジニアリングディレクター

ディレクターが4名，クリエイティブディレクターが5名であり，いずれも開発経験が15年以上のシニアレベルであった。彼らは，メーカーあるいはサービス企業に所属しその開発プロジェクトに関わっていたか，フリーランス，コンサルタント，研究者としてメーカー，サービス企業の開発プロジェクトに関わっていた。いずれもその開発チームの組織規模は30人以下であった。彼らが関与した開発プロジェクトが対象とした分野とは，日用品，AV機器，食品，化粧品，インテリア，地域産品，IT，農業，アパレルであった。

■ 2-4　調査実施と調査結果の分析

調査は2回のフェーズでなされた。最初のフェーズは2015年8月から2017年6月にかけてであり，A〜Iを対象として調査した。ここでは主に調査課題①について，先行研究から想定できるビジョニングの認知プロセスと，調査から得られたデータとの比較により，その妥当性の検討，修正，要素の追加を行った。また調査課題②について製品アイデアの質を推測するためのその元となる知識の分類軸を探索した。次のフェーズは2018年10月から2019年2月にかけてであり，J〜Mを追加対象として調査し，またそれらと合わせて最初のフェーズで対象とした事例を見直した。ここでは主に最初のフェーズにおいて検討した認知プロセスと，アイデアの質を推測するための元となった知識の分類軸について，再検討を加えることによりその妥当性をより高めることを試みた。

調査は，対象各事例の関連資料（業界雑誌の記事，業界インターネットサイトの記事，企業インターネットサイトなど）と，各事例の開発者を対象としたインタビューによった。

インタビューは半構造化法により，その実施時間はおよそ1時間半〜3時間であった。ここで聞き取られた項目は主に，プロジェクト概要，ビジョンの設定から製品アイデア創出に至る開発プロセス，およびその認識される開発成果についてであった。聞き取りにおいては，できるだけ著者の先入観に囚われないように心がけた。ここで開発成果については，聞き取られた開発プロジェクトの多くは，市場に投入されてまだ時間の経っていないものであったために，開発者の開発成果に対する判断について聞き取った。聞き取られた内容につい

ては，後日その記述内容を各インタビュイに確認してもらうか，許可を得られたものについては録音することで，その妥当性を確認した。

インタビューから得られた聞き取り内容に対して，先行研究から想定されたビジョニングの認知プロセスをもとにコーディングを行った。そのコーディング結果からカテゴリを導出したが，そのカテゴリとは，先行研究からの想定にもとづいた「ビジョン」「製品アイデア」「属性」「組み合わせ」「新規性」などから，新たに捉えた「ビジョン導出のためのヒント」「アイデア導出のためのヒント」「開発対象分野」「希望的要素」「現在の市場の状態」「現在の企業の状態」などを含んだ[3]。そしてそのカテゴリ間の関連性を検討した結果として，第4節以降に記述するビジョニングにおける認知プロセス，新製品・サービスアイデアの質を決定するであろう要因を導出した。インタビュー調査およびその後のコーディングは，一部の事例においては著者と調査アシスタントとで行ったものの，その他の事例においては著者単独で行った。

3　結　　果

■ 3-1　ビジョニングにおける認知プロセス

1）2段階の想像

調査の結果，ビジョニングにおける認知プロセスとは，まず開発対象課題に関するビジョンすなわち何らかの未来の状態が想像・設定され，その上でそれを手がかりとして，そのビジョンを実現する要素としての新製品・サービスについて想像されることにより，その製品・サービスのアイデアが創出されることが確認された。それはすなわち想定のように，ビジョンの想像と，そのビジョンを実現するものとしての新製品・サービスの想像という2段階の想像から成るものと考えることができる。その製品の想像がすなわち新製品・サービス

3）ここでいうカテゴリとは，グランディッド・セオリー法におけるそれである。このセオリー法においては，聞き取り内容などのコーディングによって特定の現象をラベリングしたものはコンセプトと呼ばれ，それをさらに抽象化したものがカテゴリと呼ばれる（Bryman 2001）。

アイデアの創出であると見ることができる。そして各事例とも新製品・サービスアイデア創出後，そのアイデア具現化となる開発活動がなされていた。

　そのビジョンの想像および新製品・サービスの想像それぞれにおいては，想定のように，複数の概念の特徴的属性（以下，属性）の組み合わせ試行がなされていると見ることができる。ここでその概念の属性の組み合わせ試行とは，第2節で見たように，想像における基本的な認知パターンとして説明されるものである。その上でそのビジョンの想像および新製品・サービスの想像のプロセスとはそれぞれ，次の（2）と（3）に記述する通りである。全事例の詳細は，表3-3に記した。

　またビジョンの想像，製品の想像ともに個人によってなされていることが，すべての事例において確認された。ある事例では，ビジョンの想像はまず開発チームの中の複数の個人によってなされた上で，ある個人のものが選択され，また製品の想像も，開発チームの中の複数の個人によってなされた上で，ある個人のものが選択されていた（事例 A, C, D, F, G, H, J, K）。別の事例では，ビジョンの想像，製品の想像とも一貫して，ある個人が担っていた（事例 B, E, I, L, M）。

2）ビジョンの想像

　そのビジョンは主に，開発者にとっての希望的要素と捉えられるような概念の属性と，現在の市場あるいは企業の状態の概念の属性との組み合わせ試行によって導出されていたと見ることができる。そしてビジョンとは，開発対象分野に関する未来の市場あるいは企業の状態として見ることができる。ここで開発者にとっての希望的要素とは，開発者が未来の市場や企業を想像する際に見出す希望となるもののきっかけを意味する。例えば事例Fでは，次世代のキッチン関連製品ライン開発のために，10年後の未来の主要な顧客層について，IoTやAI技術といった未来技術の発展に関する調査資料，独自の市場調査知見等をもとに，探索の結果，その「IoTやAI技術の有効活用」に希望を見出した。そしてそれをきっかけとして「IoT・AI技術を活用しつつ個性を発揮するアクティブシニア」といったビジョンを設定していた。ここではその「未来技術IoTやAI」の属性である「共有」「人の能力発揮支援」「最適情報提示」と，

表 3-3　全事例のビジョン想像と製品想像

| | ビジョン想像 ← → | | | | | |
| | | | 製品想像 ← → | | | |
ビジョン想像の型	希望的要素* 上：概念 (X) 下：属性 (x)	現在の状態* 上：概念 (A) 下：属性 (a)	ビジョン* 上：新たな概念 (Y) 下：属性 (y)	開発対象分野* 上：概念 (B) 下：属性 (b)	製品アイデア* 上：新たな概念 (Z) 中：アイデアへの希望的要素の影響 下：アイデアへの現在の状態の影響	成果
A Op/Mr	雨上がり	日常	雨上がりの爽やかな朝	洗剤	防臭機能付洗剤	MN/-/FN
	爽やか	日常の気分	朝露	付加機能	爽やか→防臭機能	
					気分の改善→防臭機能	
B CI/Mr	地球価値	日常	地球の鼓動感じる生活	AV 事業	森の音生配信サービス	-/-/FN
	地球活動	音環境	自然の音	オーディオ	地球活動→森の音	
					音環境→森の音	
C Op/Mr	小さい頃の家	日常	家族揃っての食事	食素材と調味料	手巻き寿司用調味セット	-/-/FN
	家族で賑やか	食事	食事のシェア	調味料	家族で賑やか→手巻き寿司	
					食事→手巻き寿司	
D Op/Mr	もてなし	シニア	モールでくつろぐシニア	飲食料	スタンドカフェセット	MN/-/FN
	くつろぎのケア	モールのシニア	雑踏	本格コーヒー	くつろぎケア→スタンドカフェ	
					シニアのためのスタンドカフェ	
E CI/Mr	貴族	女性	16 世紀フランスの王女	ヘアケア製品	特徴的ヘアケアブランド	-/-/FN
	フランスの貴族	美への憧れ	王女のファッション	高級ヘアケア	フランスの貴族→特徴	
					美への憧れ→特徴	
F Op/Mr	IoT/AI	現在のシニア	IoT/AI 活用アクティブシニア	キッチン	AI 組込型 UD キッチンセット	MN/TN/FN
	能力発揮支援	アクティブ	自立, 質の追求	システムキッチン	IoT/AI → AI 組込型 UD	
					シニア支援→ UD	
G Op/Fr	人気の街	地元	No. 1 as 住みたい街	地域産品	海外向地域産品	-/-/FN
	住みたい	普通の街	世界レベル	販路	人気→海外でも人気	
					普通の街→人気の街	
H Op/Mr	熱海	今の日本	健康長寿社会	センシング技術	感動満足モニタリング	-/TN/FN
	高齢化, 観光	今の年齢構造	観光, 持続性	生体測定	観光→感動満足	
					高齢→感動満足体験	
I CI/Fr	故郷での農業	現代の消費	地元で食育と体験農業	六次産業化事業	体験農業・飲食複合モール	-/-/FN
	育てて食べる	生産消費分離	農業	飲食サービス	育てて食べる→農業飲食複合	
					生産消費分離→統合	
J Op/Mr	アクティブシニア	日常	ちょっとした贅沢	飲料容器	新型飲料容器構造	-/TN/FN
	高質で健康	食生活	ゆったりした時間	容器構造	高質健康→新容器構造	
					食生活→飲料容器	
K CI/Fr	イタリア地方都市	地元	世界の主要都市に直営店舗	カバン	折紙様のカバン	-/-/FN
	世界的, 独自性	地元の直営店舗	日本の独自性	デザイン	独自性→日本の独自性	
					地元の店舗→人気店舗の製品	
L CI/Fr	東京の仕事	地元の仕事	東京と同水準の地元	IT 事業	地元の高水準 IT スクール	-/-/FN
	高水準	低水準	高賃金水準	IT スクール	高水準→地元で高水準	
					低水準→高水準	
M Op/Mr	人間らしさ	現代の雇用環境	自由な就業形態	地元の仕事	地元フリーエンジ登録サービス	MN/-/FN
	自由	仕事生活分離	自由	エンジニア	自由→地元でのフリー	
					仕事生活分離→バランス	

Op：オープン型　CI：クローズ型　Fr：企業型　Mr：市場型　MN：市場的新規性有り　TN：技術的新規性有り　FN：企業（自社）的新規性有り

*：概念，属性の記述は調査からの抜粋

現在の市場の状態である「シニア」の属性である「アクティブ」「活動の制限」
等との組み合わせが働いた結果と見ることができる。

3) 新製品・サービスの想像

　ビジョン実現要素としての新製品・サービスアイデアは，主にはそのビジョ
ンの概念の属性と，開発対象分野の概念の属性との組み合わせ試行によって導
かれていたと見ることができる。例えば事例Fでは，その企業の次世代キッチ
ン関連製品開発のための「IoT・AI技術を活用しつつ個性を発揮するアクティ
ブシニア」と設定されたビジョンをもとにして，そのビジョンの属性である
「自立」「質の追求」と，開発対象分野である「キッチン」の属性である「シス
テムキッチン」との組み合わせにより，「AI組込型完全ユニバーサル・キッチ
ンセット」の製品アイデアが創出されていた。新製品・サービスの想像におい
てビジョンを手がかりする以上，ビジョンの属性と，開発対象分野の属性の組
み合わせがなされることは当然であろう。

　またここで，事例によっては，新製品・サービスアイデアが創出された後，
その妥当性が市場調査などによって十分に確認できず，アイデアの探索に戻る
時に，設定されたビジョンそのものまで戻り，より適当なビジョンの探索がな
されていた（事例 A, F）。

■ 3-2　ビジョン想像の恣意性

　各事例において想像されるビジョンとはもちろんそれぞれであるが，その想
像のされ方はいずれの事例においても何らかのものがきっかけとなってなされ
ており，その何がきっかけとされるかは，結局は開発者の意思による，すなわ
ち恣意的な選択・判断によっていたと見ることができる。

　その上で，ビジョン想像において何に希望的要素を見出すかに際して，その
開発者の恣意性をより前面に出し，自らが持つ知識のみに，あるいはある限ら
れた外部情報に強く依存している場合（クローズ型と呼ぶ），最終的には開発者
の選択によるものの，出来るだけ外部情報を幅広く集め，また何らかの枠組み
に沿った上で，そこから導こうとする場合（オープン型と呼ぶ）の2種が見られ
た（表3-3）。クローズ型の場合は，事例 B, E, I, K, L であるが，例えば事例 I

では，開発対象分野である飲食サービスの10年後を考える際に，開発者自身の故郷での農業体験に希望を見出し，そのビジョンを「地元で食育と体験農業」と設定していた。オープン型の場合は，事例A, C, D, F, G, H, J, Mであるが，例えば事例Hでは，開発対象分野であるセンシング技術が生かされるべき未来の市場を考える際に，開発チームが収集した未来の日本の姿に関する各種2次資料からの知見として，急速な人口減少が見出され，それを先取りしている地域として現在の熱海が理解された。そしてその熱海に希望を見出し，そのビジョンを「(30年後の日本としての)健康長寿社会」と設定していた。

　そしてオープン型の場合の開発成果は，その多くが市場的あるいは・および技術的にも企業にとっても新規性のあるものであった一方 (事例A, D, F, H, J, M)，クローズ型の場合の開発成果は，企業にとってのみ新規性のあるものであった(事例B, E, I, K, L)。

　またビジョン想像の際に前提とする現在の状態について，現在の企業の状態を前提とした場合 (企業型と呼ぶ) と，現在の市場の状態を前提とした場合 (市場型と呼ぶ) の2種が見られた (表3-3)。企業型の場合は，事例G, I, K, Lであるが，例えば上述の事例Iは，そのビジョンを「地元で食育と体験農業」と設定していたが，それは自社の飲食サービス事業の未来の姿についてである。また事例Lでは，現在の自社が立地する地元はその料金体系については東京のそれに劣る水準にあるところ，そのビジョンを「東京と同水準の地元」と設定していたが，それは自社が立地する地元の未来の姿についてである。

　市場型の場合は，事例A, B, C, D, E, F, H, J, Mであるが，例えば上述の事例Cは，そのビジョンを「(30年後の日本としての)健康長寿社会」と設定していたが，それはその開発対象分野であるセンシング技術に関する市場の未来の姿についてである。また事例Jでは，アクティブシニアの日常に希望を見出し，そのビジョンを「ちょっとした贅沢」と設定していたが，それはその開発対象分野である新飲料容器に関する市場の未来の姿についてである。

　そして企業型の場合の開発成果は，企業にとってのみ新規性のあるものであった一方，市場型の場合の開発成果には，市場的あるいは・および技術的にも企業にとっても新規性のあるものが含まれていた (事例A, D, F, H, J, M)。

　まとめれば，ビジョン想像においては，開発者にとっての希望的要素を構成

表 3-4　ビジョン想像の類型

希望的要素の導出	現在の状態の前提	開発成果
クローズ型	企業型	I (-/-/FN), K (-/-/FN), L (-/-/FN)
クローズ型	市場型	B (-/-/FN), E (-/-/FN)
オープン型	企業型	G (-/-/FN)
オープン型	市場型	A (MN/-/FN), C (-/-/FN), D (MN/-/FN), F (MN/TN/FN), H (-/TN/FN), J (-/TN/FN), M (MN/-/FN)

MN：市場的新規性あり　TN：技術的新規性あり　FN：企業（自社）的新規性あり

する属性と，現在の状態を構成する属性を組み合わせることになるが，その際の，希望的要素の導き方がオープン型である場合，すなわち希望的要素を外部情報を含めて探索した場合でかつ，現在の状態の前提の仕方が市場型，すなわち現在の市場の状態を前提としていた場合には，事例Cを例外として，市場的あるいは・および技術的にも企業にとっても新規性のあるものの特定に至っていた。そしてクローズ型である場合，すなわち希望的要素を自らが持つ知識のみに，あるいはある限られた外部情報に強く依存している場合ケースや，企業型，すなわち現在の企業の状態を前提としていた場合には，企業にとってのみ新規性のあるものの特定に至っていた（表3-4）。

4　考　　察

■ 4-1　ビジョニングにおける認知プロセス

まず調査課題①に対して，今回の調査結果から，ビジョニングとは，先行研究から想定されるような認知プロセス（「ビジョニングの2段階想像モデル」）によって，イノベーションにつながるような新製品・サービスアイデアの創出を意図することと見ることができる。その上で，そのビジョン想像の際に，新しい概念としてのビジョン（Y）とは，先行研究からは，何らかの既知の2種以上の概念それぞれの特徴的属性の組み合わせ試行によって導かれると想定されたが，今回の調査からはそれは，開発者にとっての希望的要素（X）の属性（x）と，現在の状態（A）の属性（a）との組み合わせ試行によって，導かれると考えられる。その後，そのビジョン実現要素としての新製品・サービスアイデアは，先

行研究からの想定通り，そのビジョン（Y）の属性（y）と，開発対象分野（B）の属性（b）との組み合わせ試行によって導かれる（新たな概念（Z））ことが確認された。これが今回の調査から考えられる，イノベーションにつながるアイデアの創出を意図するビジョニングの認知プロセスモデルである。

■ 4-2　製品アイデアの質を決定する要因

1) 新製品・サービスアイデアの質を決定する要因

調査課題②に対してこのモデルを元にすれば，新製品・サービスアイデアの質とは，その製品アイデアを導くために選ばれたビジョンの属性（y）と，開発対象分野の属性（b）の組み合わせに依存するといえる。Ward et al.（2002）は，あるカテゴリ事例について，すぐに思いつく属性とは，他の多くの人も同様にすぐに思いつくものであることを示したが，そのことを応用すれば，ある概念についても，すぐに思いつく属性とは，他の多くの人も同様にすぐに思いつくものであることが考えられる。そのことに依拠すれば，ここでその開発対象分野（B）は，その分野での開発を前提とする開発者にとって似通っているであろうゆえに，その属性（b）の選択は開発者によって大きく異ならないであろう。それに対して，ビジョン（Y）の選択は当然開発者によって異なり，その属性（y）の選択もしかりであろう。

2) ビジョンの質を決定する要因

さらにそのビジョンの属性（y）とは，ビジョン（Y）に依存するがその質とは，開発者にとっての希望的要素（X）の属性（x）と，現在の状態（A）の属性（a）との組み合わせに依存するといえる。やはり Ward et al.（2002）に依拠すれば，その属性（x）はその開発者にとっての希望的要素（X）の選択に依存し，その属性（a）はその現在の状態（A）の選択に依存するといえる。その上でこれら開発者にとっての希望的要素（X），現在の状態（A）の選択はいずれも，開発者によって異なるであろう。

3) 新製品・サービスアイデアの質とビジョンの質の関係

したがって新製品・サービスアイデアの質とは主に，新製品・サービスの想

像の際に，どのようなビジョン（Y）を選んだか，そしてそのビジョン想像の際にどのような開発者にとっての希望的要素（X）を選び，どのような現在の状態（A）を選んだかに依存していると考えられる。

　その観点で改めて各事例において創出された新製品・サービスアイデアと，そのビジョン想像の際に用いられた開発者にとっての希望的要素，現在の状態を比べれば，すべての事例でそれらのアイデアは，対応する開発者にとっての希望的要素と，現在の状態の影響を受けていることが読み取れる。例えば，事例Fの場合，ビジョン想像を通して最終的に創出された新製品・サービスアイデアとは，「AI組込型 UD キッチンセット」であり，そのアイデアには明らかに，ビジョン想像の際に用いられた開発者にとっての希望的要素，すなわち「IoT/AI といった能力発揮支援につながるような技術」の影響が見られる。また同時に，ビジョン想像の際に用いられた現在の（ニーズを抱える）状況，すなわち（活動が制限されている）「現在のシニア」の影響も，そのアイデアが成立する状況として，見られる。その他の事例における，新製品・サービスアイデアが受けたと見られる希望的要素および現在の状態の影響は，表3-2の各事例の「製品アイデア」欄内に記述した。

　このことから，ビジョニングによって創出される新製品・サービスアイデアの質は，そのビジョンの元となった概念に依存すると見ることができる。これはすなわちビジョニングによって創出される製品アイデアとは，その過程においていったん未来の状態であるビジョンが想像され設定されるものの，結局はその想像のきっかけとなった開発者にとっての希望的要素や，現在の状況自体に強く影響を受けたものとなることを意味する。特に開発者にとっての希望的要素とは，それがまさに開発者が希望するビジョンそして新製品・サービスアイデア創出の方向であるゆえに，アイデアの質の特徴を決定づけるものであろう。

　このことはまた，ビジョニングによってもし創出された新製品・サービスアイデアの妥当性が十分に確認できない場合には，ビジョンを固定したままでアイデアを再探索するよりも，ビジョンそのものから再探索すべきであることを示唆する。そして実際に事例 A, F ではそのようになされていた。

■ 4-3　ビジョン想像の際に選ぶべき知識累計

　ビジョン想像の際に何をきっかけとすべきか，すなわち何を概念およびその属性として選ぶべきかについて，本調査では，その選択はあくまでも開発者の恣意性によることが発見された。それは何らかの決まった手順に沿って必然的に導かれるものではない。それはまさにそれが想像によるゆえと考えられ，開発者が何に希望的要素を見出し，何を現在の状態として選択するか，そしてそれらを組み合わせるかに依存すると考えられる。

1）ビジョン想像の際の希望的要素の導き方

　その上で，ビジョン想像の際の希望的要素の導き方として，クローズ型，すなわちその開発者の恣意性をより前面に出し，自らが持つ知識のみに，あるいはある限られた外部情報からきっかけを見出していた場合，およびオープン型，すなわち最終的には開発者の選択によるものの，出来るだけ外部情報を幅広く集めた上でそこからきっかけを見出していた場合が見られた。そしてクローズ型である場合，その企業にとってのみ新規性がある新製品・サービスアイデアの創出に至る傾向にある一方，オープン型である場合，その企業にとってだけでなく，市場的あるいは技術的にも新規性のある新製品・サービスアイデアの創出に至る傾向にあったことが発見された。このことは，あくまでも限られた事例を対象とした調査結果であるゆえにその解釈は慎重でなくてはならないが，より，特に市場的・技術的に，新規性のある新製品・サービスアイデアの特定に至るためには，ビジョンの想像の際には，それが恣意的になされるにしても，限られた情報源をもとにした開発者の想いや主張のみに依拠するのでは限界があり，外部情報に依拠して概念を選ぶことが重要であることを示唆する。そしてそれは，ビジョン想像の際に，外部情報に依拠することが，より拡散的思考，すなわちより多様な概念の探索につながるからであること，そして外部情報の中から，より未来の顧客ニーズ適合に関連する知識が導かれていたからであることが考えられる。そしてその拡散的思考とは，Reid & Brentani（2014）がビジョニングを構成するものとして指摘したものであり整合する。

2) ビジョン想像の際の現在の状態の前提の仕方

　また，ビジョン想像の際の現在の状態の前提の仕方として，企業型，すなわち現在の企業の状態を前提とする場合と，市場型，すなわち現在の市場の状態を前提とする場合が見られた。そして前者は企業にとってのみ新規性がある製品アイデアの創出に至る傾向にある一方，後者は，その企業にとってだけでなく，市場的あるいは技術的にも新規性のある新製品・サービスアイデアの創出に至るものが含まれた。このことは，やはりあくまでも限られた事例を対象とした調査結果であるゆえにその解釈は慎重でなくてはならないが，より，特に市場的・技術的に，新規性のある新製品・サービスアイデアの創出に至るためには，現在の企業の状態を前提とし，未来のそれを想像するよりも，現在の市場の状態を前提とし，未来のそれを想像する方が，より効果的であることを示唆する。そしてこのような市場志向とは，Reid & Brentani（2014）がビジョニングを構成するものとして示したものであり整合する。

　まとめれば，ビジョン想像においては，開発者にとっての希望的要素を構成する属性と，現在の状態を構成する属性を組み合わせることになる。その際に，希望的要素の導き方がオープン型である方が，すなわち希望的要素は外部情報を含めて探索した方が，また現在の状態の前提の仕方が市場型である方が，すなわち現在の企業の状態よりも現在の市場の状態を前提とした方が，より新規性のある，すなわちよりイノベーションにつながるアイデアの創出に至り得ることが考えられる。ただし今回調査した中では唯一，事例Cがそのビジョン想像の際にオープン型でありかつ市場型であったにもかかわらず，企業にとってのみ新規性のある新製品・サービスアイデア創出に至っていたが，それはここで指摘した要因以外の何らかの要因が，そのアイデア創出に影響していることを示唆する。

5　知　　見

　本研究から得られた知見は次のようにまとめられる。イノベーション実現を意図する新製品・サービス開発プロジェクトにおいて，ビジョニングとは，ビジョンの想像と，そのビジョン実現要素としての製品の想像という2段階の想

像の過程によって，そしてそれぞれの想像においては複数概念の属性の組み合わせ試行がなされることによって，革新的な新製品・サービスアイデア創出に貢献するものと考えられる。そしてビジョニングにおいて，その新製品・サービスアイデアの新規性（特に市場的，技術的新規性）とは主に，①新製品・サービス想像の際に選択されるビジョン，そのビジョン想像の際に選択される，②開発者にとっての希望的要素，特にそれがどれ程外部情報に依拠したものか，③未来の状態，特にそれが未来の企業の状態よりも市場の状態であるか，これらにより導かれることが考えられる。

　ただしこれらの知見は，限られた事例から導かれたものである。今後，調査対象をより多様な事例に拡張し，その知見を重ねる必要がある。そして今回導出した知見をもとに仮説を設定するとともにその仮説に含まれる概念を操作定義し，それらの妥当性を定量的に検討する必要があり，それが本研究の限界である。

　本研究の理論的インプリケーションとしては次をあげることができる。本研究は，新製品・サービスアイデア創出のアプローチとしてのビジョニングを，創造的認知の観点から理解する道筋をつけた。創造的認知研究には例えば，互いにより弱い関係にある概念知識の組み合わせは創造的結果に至るとの知見があるが（Mobley et al. 1992），今後，このことを応用することで，2つの概念の組み合わせからなるビジョン想像あるいは製品想像とその結果としての新製品・サービスアイデアの創造性との関係を検討できることが考えられる。そして実務的インプリケーションとしては，まず本研究の知見の定量的妥当性評価を待たなければならないが，本研究の知見として指摘したビジョン想像の際の組み合わせのための概念の探索と選択は，それが恣意的になされるとしても，革新性のある新製品・サービスアイデアの特定を決定づけるものであるゆえにその重要性が指摘される。ビジョニングによって創出された新製品・サービスアイデアの質が，そのビジョン想像の際に用いられた概念に依存する以上，その創出された新製品・サービスアイデアの妥当性が十分に確認できない場合には，ビジョンそのものから再探索されるべきであろう。

参 考 文 献

Bryman, A.（2001）*Social Research Methods*, Oxford.

Finke, R. A., Ward, T. B., & Smith, S. M.（1992）*Creative Cognition: Theory, Research, and Applications*, The MIT Press.（小橋康章（訳）（1999）『創造的認知―実験で探るクリエイティブな発想のメカニズム』森北出版.）

Garcia, R., & Calantone, R.（2002）"A Critical Look at Technical Innovation Typology and Innovativeness Terminology: A Literature Review," *Journal of Product Innovation Management*, 19, 110-132.

Glaser, B. G., & Strauss, A. L.（1967）*The Discovery of Grounded Theory: Strategies for Qualitative Research*, Aldine de Gruyter.

Mobley, M. I., Doares, L. M., & Mumford, M. D.（1992）"Process Analytic Models of Creative Capacities: Evidence for the Combination and Reorganization Process," *Creativity Research Journal*, 5(2), 125-155.

O'Connor, G. C., & Veryzer, R. W.（2001）"The Nature of Market Visioning for Technology-Based Radical Innovation," *Journal of Product Innovation Management*, 18, 231-246.

Reid, S. E., & Brentani, U.（2014）"Building a Measurement Model for Market Visioning Competence & Its Proposed Antecedents: Organizational Encouragement of Divergent Thinking, Divergent Thinking Attitudes, & Ideational Behavior," *Journal of Product Innovation Management*, 32(2), 243-262.

Reid, S. E., Roberts, D., & Moore, K.（2014）"Technology Vision for Radical Innovation and Its Impact on Early Success," *Journal of Product Innovation Management*, 32 (4), 593-609.

Ward, T. B., Patterson, M. J., Sifonis, C. M., Dodds, R. A., & Saunders, K. N.（2002）"The Role of Graded Category Structure in Imaginative Thought," *Memory & Cognition*, 30(2), 199-216.

Wilkenfeld, M. J., & Ward, T. B.（2001）"Similarity and Emergence in Conceptual Combination," *Journal of Memory and Language*, 45, 21-38.

Yin, R. K.（2009）*Case Study Research: Design and Methods 4th ed.*, Sage.

清水　聡（2004）「知識カテゴリーの実証研究」『消費者行動研究』10(1, 2), 1-15.

清水御代明（1983）「概念的思考」坂本　昂（編）『現代基礎心理学7　思考・知能・言語』東京大学出版会, 71-105.

第4章

ビジョニングによるアイデア創出における効果的なビジョン想像

　前章では，複数事例を対象とした定性的調査によって，次を示した。すなわち，

（1）イノベーション実現を意図する新製品・サービス開発プロジェクトにおいて，ビジョニングとは，ビジョンの想像と，そのビジョン実現要素としての製品の想像という2段階の想像の過程によって，そしてそれぞれの想像においては複数概念の属性の組み合わせ試行がなされることによって，革新的な新製品・サービスアイデア創出に貢献するものと考えられる。このことをモデル化したものを「ビジョニングの2段階想像モデル」と呼ぶ（図4-1）。

（2）ビジョニングによってイノベーション（特に市場的，技術的新規性）につながるような新製品・サービスアイデアとは主に，ビジョン想像の際に用いる，①開発者にとっての希望的要素が，どれほど（内部情報よりも）外部情報に依拠したものか，②未来の状態が，どれほど（未来の企業の状態よりも）未来の市場の状態であるか，これらにより導かれることが考えられる。

　本章ではあらためて，ビジョニングによってイノベーションにつながるような新製品・サービスアイデアが導かれる要因について，前章で導出したビジョニングの2段階想像モデルを前提として，以下に説明するような質問票による定量的調査により検討する。
　ここでは，前章では扱うことのできなかったアイデアの質を，直接取り上げることとする。そのために，アイデアの創造性を問題とする。創造性とは新製

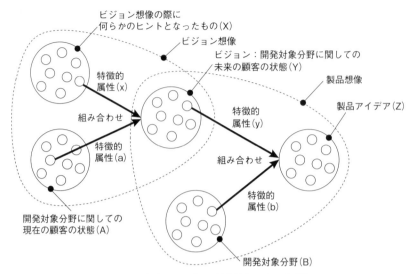

図4-1　ビジョニングの2段階想像モデル（再掲）

品開発の文脈において，開発成功要因の1つであることが示されるものである（Im & Workman Jr. 2004）。また創造性とは，新規性，実用性などの特性を持つが（Finke et al. 1992；Amabile 1996），新規性とは，イノベーションそのものと見なされる（Rogers 2003；Garcia & Calantone 2002；Van de ven 1986）。

　第1節において，先行研究からの知見をもとに，アイデア創造性の実現につながるビジョン特定のあり方についての仮説を導出する。第2節においてその仮説を，大学生を対象とした質問票調査により検証し，第3節においてその結果をまとめる。第4節においてその結果をもとに，仮説の検証結果を考察する。

1 理論背景

■ 1-1　想像による創造的アイデア創出

　このビジョニングの2段階想像モデルを前提としたとき，アイデア創造性の実現に繋がるようなビジョンはいかにして特定できると説明されるのか。概念知識の組み合わせとそれにより創出されるアイデアの質との関係については，

一連の概念組み合わせ（conceptual combination）研究の知見が参考になる。これ
までに各種事例を通して，組み合わされてこなかった知識の突如の組み合わせ
が新たなアイデアや理解に繋がるような現象が指摘されてきた（例えば
Koesteler 1989）。Mobley et al.（1992）は実験によって，互いに意味的により遠
い関係にある（unrelated）概念の組み合わせにより創出されるアイデアは，互
いにより近い関係にある（related）概念の組み合わせにより創出されるアイデ
アよりも，より創造性が高いものとなることを示した。そしてそれは通常は関
連づけられないような多様な知識構造が適用されるからと説明した。Mumford
et al.（1997）はさらに，互いにより遠い関係にある概念の組み合わせがどのよ
うに説明されるかという関係性解釈がまた，より創造的なアイデアの創出に繋
がることを示した。

　また Wisniewski（1997）は，互いに異なる（dissimilar）概念の組み合わせ（例
えば「手おの・リス」）と，互いに類似した（similar）概念の組み合わせ（例えば
「スカンク・リス」）それぞれの意味解釈を比較した時，互いに異なる概念組み合
わせの意味解釈のみに，創発的な特徴が生じることを示した。さらに
Wilkenfeld & Ward（2001）は，互いにより異なる（different vs. similar）概念が
組み合わされた時，その意味解釈にはより多くの創発的な特徴が生じることを
示した。意味解釈に創発的な特徴が生じるということは，元の組み合わされた
概念にはなかった新たな特徴を持った概念を思いつくことであり，それは創造
的なアイデアを思いつくことと同義と見なすことができる。これらのことから，
より異なる概念知識の組み合わせは，より創造的なアイデアの創出に繋がり得
ることが考えられる。ここでの「異なる」とは，Mobley et al.（1992）がいう，
「遠い」と同義と見なすことができる。

　このことをビジョニングによるアイデア創出に応用すれば，新製品・サービ
スの想像の際に，開発対象分野（B）と，（B）からより遠い関係にあるビジョン
（Y）とが組み合わされれば，より創造性の高い製品・サービスアイデア（Z）の
創出に至り得ることが考えられる。このことから次の仮説が導かれる。

　ではその開発対象分野（B）からより遠い関係にあるビジョン（Y）は，いかにして特定できるのであろうか。2つのアプローチ，すなわち，（1）開発対象分野からより遠い関係にある何らかのものをヒントとして，ビジョン，すなわち未来の顧客の状態を想像すること，（2）ビジョン，すなわち未来の顧客の状態を，具体的に想像すること，これらを考えることができる。以下に，（1）と（2）について順に，そのように考えられる理由を記述する。

　（1）について，Ward et al.（2002）は，想像の結果，すなわち概念組み合わせの結果，得られた新しい概念すなわちアイデアが，創造的なものとなり得るとしても，それはその組み合わせの対象となった概念とは全く異なるものとなるのではなく，あくまでもそれら組み合わせの対象となった概念の性質を引き継いだものであることを示した。この知見に依拠するとき，次が考えられる。すなわち，ビジョンの想像に際し，何らかのヒントとなるもの（X）が，「開発対象分野（B）からより遠い関係にある」という性質を持つものであれば，ヒント（X）と，現在の顧客の状態（A）とが組み合わされて創出された新たな概念としてのビジョン（Y）も，ヒント（X）が持っていた「開発対象分野（B）からより遠い関係にある」という性質を引き継ぎ得る。このことから，次の仮説が導かれる。

　（2）について，開発対象分野（B）とは必然的に，現在の事例から構成されていると考えることができよう。そこで，ビジョン（Y），すなわち「開発対象

分野についての未来の顧客の状態」を，より具体的に想像すれば，それに関連するより多様な知識が想起されるであろう。なぜならば，ある対象（この場合，未来の顧客の状態）を具体的に想像することは，その対象をイメージすることに繋がるであろう一方，ある対象をイメージすることは，その対象に関連する知識の想起を促す（Kosslyn et al. 2006）とされるからである。想起された多様な知識の中には，それらは未来のことであるために，現在の事例から構成される開発対象分野からは離れたものも含まれ得るであろう[1]。

　そのような知識（すなわち開発対象分野から離れた知識）がヒント（X）となった場合に，思い至ったビジョンはまた，現在の事例から構成される開発対象分野からは離れたものとなり得ることが考えられる。このことから次の仮説が導かれる。

仮説3　ビジョン想像時において，未来の顧客の状態をより具体的に想像すれば，想像されるビジョンは，開発対象分野からより遠い関係にあるものとなり得る。

　以上の仮説1〜3の構築においては，概念の特徴的属性を組み合わせの対象としたのでは，仮説が複雑すぎて分析が困難となるために，概念そのものを組み合わせの対象とした。Finke et al.（1992），Ward et al.（2002）による想像の認知プロセスの説明においては，概念それぞれの特徴的属性の組み合わせと，概念そのものではなくその特徴的属性が組み合わせの対象とされるが，Mobley et al.（1992）による概念組み合わせの説明においては，概念そのものが組み合わせの対象とされる。本研究では概念組み合わせに関しては，そのMobley et al.（1992）の説明に依拠することとする。

---

1)「具体的に」想像するとは，「現在のもの」を想像することではないかという反論があるかもしれない。しかし想像とは，その定義から，既知のものを思い描くこととは区別されるものであり，未知のものに関わる（第3章1節1項参照）。そしてその未知のものとは，ここでは，既知の現在のものではなく，まだ見ぬ未来のものである。よってここで具体的に想像するとは，あくまでも未来を具体的に想像することであり，（既知の）現在のものを想像することは意味しない。

　第1節において導かれた仮説1〜3とは，ビジョン想像時における「ヒント
となったものと開発対象分野との関係」（以下，「ヒント‐対象間関係」），および
「ビジョンの具体的想像」（以下，「具体的想像」）のそれぞれが，「ビジョンと開発
対象分野との関係」（以下，「ビジョン‐対象間関係」）に与える影響（仮説2および
3），「ビジョン‐対象間関係」が，「新製品・サービスアイデア創造性」（以下，
「アイデア創造性」）に与える影響（仮説1）を問題とするものである。そこで，仮
説1〜3を反映させた測定モデルを図4-2のように設定した上で，この測定モ
デルに沿って，仮説を検証することとした。

　仮説検証の際には，全調査対象者に同一のビジョニングを用いたアイデア創
出課題を与え，回収されたアイデアを別の評価者が，仮説を構成する概念を反
映させた質問票に沿って評価し，その評価結果を，パス解析によって分析する
方法を採用した。ここで，被験者を複数グループに分け，異なる教示を与えて
行う実験調査法を取らなかったのは，次の理由による。プリテストによって，
本調査で用いるようなビジョン想像教示の場合，被験者により，同じ教示であ
ってもそれによって実際に影響を受ける程度には大きなばらつきがあり，実験
調査において必須となる教示グループが成立し難いことが理解されたからであ
る。しかしそうであれば，全対象者に一律に同じビジョン想像教示を与え，そ
れによって得られたばらつきのある対象者のビジョン想像程度を対象とした，
質問票調査によって仮説を検証できると考え，そのようにした。

図 4-2　仮説 1〜3 を反映させた測定モデル

■ 2-1　調査対象者

　本調査は，大学において中級程度のマーケティングおよびデザイン関連科目授業を学ぶ経営学部生を対象とし，新製品・サービスアイデア創出演習として行われた。ここでそのような学部生を対象としたのは，彼らは次に示すアイデア創出課題やアイデア創出に関して同程度の知識を持つであろうこと，また演習として行ったのは，対象者によるアイデア創出の環境条件を同質とすることができること，それゆえに，仮説で設定した要因以外の要因がアイデア創造性に影響することをできるだけ排除できると考えたからである。本調査では，開発実務者を対象とするのがより適当であり，経営学部生を対象として得られた調査知見の実際の開発への応用可能性に対する判断は慎重でなくてはならなくなる。しかし開発実務者の場合には，このような同程度の知識を持った対象者を数多く集め，同質の環境条件のもとで調査実施することは困難であった。

■ 2-2　アイデア創出課題とビジョン想像教示

　本調査においてはアイデア創出課題として，地方創生の問題を取り上げ，図4-3 のように用意した。地方創生の問題に関しては，これまでもしばしば，専

　近年の，都市部一極集中によって，地方には地方の過疎化・少子高齢化といった問題がもたらされ，地方における住民は，特にその地方の過疎化・少子高齢化による様々な不便に悩まされています。あなたが，農業に携わっており，それをもとにした農業に関する新たな事業を立ち上げるとして，そのような地方に暮らす住民の悩みに対応するような，全く新しく，独創的な製品・サービスのアイデアを提案して下さい。

図 4-3　アイデア創出課題

　ある開発対象（この場合，農業）の新しい製品・サービスのアイデアを考えるときには，まずそのビジョン，すなわちその開発対象分野とっての顧客（この場合，地方の住民）が望む未来の状態を想像した上で，その実現に貢献するようなものとしてのアイデアを考えることが有効であることが知られています。(1) まずビジョン（開発対象にとっての顧客が望むような未来の状態）を想像してください。特にその想像の際には，その開発対象（この場合，農業）とは，できるだけ関係のない何らかのものをヒントとして，行ってください。(2) またそのビジョンは，できるだけ具体的に，想像してください。(3) その上で，その実現に貢献するような製品・サービスのアイデアを考えて下さい。

図 4-4　ビジョン想像教示

門家によってバックキャスティングを用いたアイデア創出が取り組まれており（例えば山崎 2012），そのようなアプローチが適切と考えられていること，また地方創生の問題は近年注目されており（山崎 2012），調査対象者にとって身近でそれゆえに考えやすいと想定されたことから，本調査のアイデア創出課題として適当と判断した。具体的な記述は次の通りである。

設定された仮説をもとに，図 4-4 のように，（1）開発対象分野とはできるだけ弱い関係にあるようなものをヒントとして，および（2）できるだけ具体的に，ビジョン，すなわち未来の顧客の状態を想像すること，（3）それによってアイデアを創出することを教示する記述を用意した。

■ 2-3　調査手続き

まず大学経営学部に所属する対象者 227 人に，上述のアイデア創出課題およびビジョン想像教示，および解答用紙を与え，ビジョン想像の上，アイデア創出をするように指示した。その解答用紙には，（a）ビジョン想像の際にヒントとしたもの，（b）想像したビジョン，（c）新製品・サービス想像（新製品・サービスアイデア創出）の際にヒントとしたもの，（d）製品アイデアのそれぞれの記述欄が設けられた。与えた時間は 1 時間とした。彼らによるビジョン想像およびアイデア創出の結果，想像されたビジョンおよび提案アイデアが記述された解答用紙を回収し，次の評価対象とした。評価の段階で不備があり，2 つの解答に対する評価は分析対象に含めることができなかった。その結果，分析対象となった解答の評価結果は 225 となった。

回収された解答用紙の記述をもとに，各概念に対する評価がなされた。具体的には次の通りである。

ビジョン想像の際のヒント‐対象間関係については，（a）欄の記述を評価対象とした。具体的想像については，その具体的な想像の結果としての（b）欄の記述を評価対象とした。

新製品・サービス想像の際のビジョン‐対象間関係については，（b）および（c）欄の記述を評価対象とした。それら記述が，アイデア創出に関して専門知識を有する専門家 2 人によって，次に示す操作定義に沿って評価された。評価前，専門家 2 人に仮説は知らせず，評価後，彼らは仮説のことを知らないこと

を確認した。

表 4-1　想像されたビジョンおよび提案アイデア例

	例1	例2	例3
(a) ビジョン想像の際にヒントとしたもの	花屋の冷蔵庫	食料廃棄問題	後継者減少
「ヒント‐対象間関係」平均評価値	4.50	3.50	1.00
(b) 想像したビジョン	特殊な冷蔵庫あるいは熟成を抑制する技術による，収穫した作物の長期保存。台風などの災害による急な収穫時の被害に対応できる。	農家が生産した農作物が正しく評価され，消費者に食べてもらえる状態。まずは観光地としてさまざまな人を地域に誘致し経済的利益を産む。観光客がグリーンツーリズムなどを通し地域の魅力を知り，移住する。	若者が増える，農業の担い手の増加，自治体からの支援，自然は傷つけない・開発しない，幅広い訪問サービス。
「具体的想像」評価項目平均評価値 *	3.00, 2.50, 3.00	2.50, 3.50, 3.00	2.00, 2.00, 1.00
(c) 製品想像（製品アイデア創出）の際にヒントとしたもの	長期保存	（食の観光地としての）行列のできるラーメン店	若者
「ビジョン‐対象間関係」平均評価値	2.50	4.50	2.00
(d) 製品アイデア	高速道路の IC 付近に大型の低周波冷蔵を設置し長期保存する。災害や季節に関わりなく，都市部に高値で売る。これにより，災害に関係なく安定した収入を得ることができる。	大手企業に協力を仰ぎ，田舎にあるラーメン屋を開く。地域ならではの自然をアピールし，大自然の中で食べれるラーメン屋として SNS 受けを狙いさらに客を呼び込む。	（若者に身近な）オンライン販売：ネットで消費者・生産者が互いに足を運ばなくても商品を買える。
「アイデア創造性」評価項目平均評価値 **	3.71, 3.86, 3.71, 4.00	3.71, 3.43, 4.00, 3.29	2.29, 2.29, 2.29, 2.43

* 　順に「手に取るようにわかる」「明確だ」「具体的だ」
** 　順に「まったく普通でない」「革新的だ」「他の製品とまったく異なる」「独創的な問題解決方法だ」

アイデア創造性については，(d) 欄の記述を評価対象とした。それは，アイデア創出課題，すなわち地方創生について，学部教育を通して詳しい知識を有する，調査対象者とは別の経営学部生 7 人によって，次に示す操作定義に沿って評価された。評価前，学部生 7 人に仮説は知らせず，評価後，彼らは仮説のことを知らないことを確認した。

　想像されたビジョンおよび提案アイデアの記述例およびその各概念に対する評価例は，表 4-1 の通りである。

■ 2-4　概念の評価基準

　本調査において用いる概念については次のように操作定義し評価項目を導出した。すべての評価項目の評価には，5 点法を採用した（全く当てはまらない (1)，非常に当てはまる (5)）。

　ヒント - 対象間関係については，Mobley et al. (1992) に依拠し，「無関係だ」を評価した。

　ビジョンの具体的想像について，具体的に想像したこと自体を直接的に捉えることは困難であったために，その結果としてのビジョンの具体性程度から，どの程度具体的に想像したかを判断することとし，Reid et al. (2014) による「ビジョン具体性」に依拠することとした。Reid et al. (2014) はビジョン具体性を，「ビジョンは手に取るようにわかる (tangible)」「ビジョンは明確だ (clear)」「ビジョンは具体的だ (specific)」「ビジョンは組織成員に方向性を示すものだ」の 4 項目で定義していた。本調査のビジョンの具体的想像は，組織成員への方向性を示す意味合いは含まないために，最初の 3 項目を取り上げ，評価した。

　ビジョン - 対象間関係については，ヒント - 対象間関係と同様に，Mobley et al. (1992) に依拠し，「無関係だ」を評価した。

　アイデア創造性について，Amabile (1996) 等は，結果としての創造性を，新規性，有意味性，実現可能性から構成されるものと概念定義する一方，Dahl & Moreau (2002) は，そのうちの新規性とその操作定義が重なる独創性を取り上げ，Goode et al. (2012) も，新規性を製品全体評価の先行要因として位置づけ取り上げた。製品・サービス新規性とは消費者のその革新性の理解に重要な役割を担う (Mugge & Dahl 2013 ; Talke et al. 2009)。したがって本調査でも，創造

性の新規性側面を取り上げ，その操作定義を Dahl & Moreau（2002），Goode et al.（2012）を参考とし，「全く普通でない」「革新的だ」「他の製品と全く異なる」「独創的な問題解決方法だ」の 4 項目からなるものとし，評価した。

　ヒント‐対象間関係に関する専門家 2 人の評価の α 係数は 0.79，具体的想像に関する α 係数は 0.71，ビジョン‐対象間関係に関する α 係数は 0.66 であり，それらの内的整合性を確認した。その 2 人による評価の平均を，各概念の観測変数値とした。アイデア創造性に関する経営学部生 7 人の評価の α 係数は 0.62 であり，その内的整合性を確認した。その 7 人による評価の平均を，その観測変数値とした。

3 分　析

仮説検証のために，測定モデルに沿ってパス解析を行った。

■ 3-1 信頼性および妥当性の確認

まず各概念の平均と標準偏差を，それらに対応する観測変数値から算出し確認した（表 4-2）。その後，構成概念の信頼性および妥当性を確認するために，ヒント‐開発対象間関係の 1 観測変数，具体的想像の 3 観測変数，ビジョン‐

表 4-2　概念の平均，標準偏差，λ，α，CR

	評価項目	M	SD	λ	α	CR	AVE
1．ヒント‐対象関係	無関係だ	2.75	1.03	—	—		—
2．具体的想像	手に取るようにわかる	2.19	0.65	0.87	0.83	0.83	0.62
	明確だ	2.47	0.69	0.76			
	具体的だ	2.38	0.82	0.74			
3．ビジョン‐対象関係	無関係だ	2.75	0.82	—	—		—
4．アイデア創造性	全く普通でない	2.99	0.33	0.82	0.89	0.89	0.67
	革新的だ	2.91	0.40	0.85			
	他の製品と全く異なる	3.01	0.39	0.86			
	独創的な問題解決方法だ	3.06	0.36	0.76			

第Ⅰ部

第Ⅱ部

第Ⅲ部

表 4-3　概念の AVE と概念間相関係数（対角下半分），相関係数平方（対角上半分）

	AVE	1．ヒント-対象関係	2．具体的想像	3．ビジョン-対象関係	4．アイデア創造性
1．ヒント-対象関係	—	—	0.06	0.04	0.01
2．具体的想像	0.62	0.26	—	0.05	0.06
3．ビジョン-対象関係	—	0.20	0.23	—	0.05
4．アイデア創造性	0.67	0.10	0.25	0.24	—

開発対象間関係の 1 観測変数，アイデア創造性の 4 観測変数，具体的想像，アイデア創造性を潜在変数（構成概念）とした確認的因子分析を行った（最尤法）。

その結果，$\chi^2 = 25.74$（$df = 24$），$p = 0.36$, CFI $= 0.99$, RMSEA $= 0.01$ となった。χ^2 値は有意とならず，CFI $\geqq 0.95$, RMSEA < 0.08（N <250，観測変数数 <12 の場合）に収まっており，モデルの適合度は良好といえる（Hair et al. 2014）。

また各構成概念の信頼性について，a 係数は，いずれも，Bagozzi（1994）によって必要とされる 0.60 を上回っていることが，CR（合成信頼性）は Bagozzi & Yi（1988）によって必要とされる 0.60 以上であることが，確認された（表 4-2）。

収束妥当性について，潜在変数から観測変数へのパスの標準化係数（λ）はすべて 1％水準で有意かつ 0.50 を超えており（Bagozzi & Yi 1988），各構成概念の AVE（平均分散抽出度）は，必要とされる 0.50 を上回っている（Fornell & Larcher 1981）ことが確認された（表 4-2）。

弁別妥当性について，各構成概念の AVE が，それと対応する構成概念との間の相関係数の平方を上回っている（Fornell & Larcher 1981）ことが確認された（表 4-3）。

■ 3-2　分析結果

以上を踏まえた上で，各観測変数および潜在変数（構成概念）を対象としたパス解析を行った（図 4-5，表 4-4）。その結果，適合度指数は，$\chi^2 = 27.57$（$df = 25$），$p = 0.32$, CFI $= 0.99$, RMSEA $= 0.02$ であった。モデルの適合度は良好とい

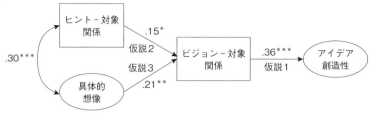

*: $p <.05$, **: $p <.01$, ***: $p <.001$ 構成概念の観測変数，誤差は省略

図 4-5 仮説モデルのパス図（数値は標準化推定値）

表 4-4 仮説モデルに対するパス解析

	パス		標準化標準推定値（上）非標準化推定値（下）	標準誤差	z値	有意性	95%信頼区間	
仮説1	ビジョン-対象関係	→	アイデア創造性	0.36 0.35	0.06	5.80	***	0.23	0.47
仮説2	ヒント-対象関係	→	ビジョン-対象関係	0.15 0.14	0.06	2.21	*	0.01	0.27
仮説3	具体的想像	→	ビジョン-対象関係	0.21 0.20	0.07	2.91	**	0.06	0.34
	ヒント-対象関係	↔	具体的想像	0.30 0.29	0.06	4.53	***	0.16	0.42

*: $p<.05$, **: $p<.01$, ***: $p<.001$

える（Hair et al. 2014）。

　その上で，仮説1が問題とする，ビジョン-開発対象間関係の，アイデア創造性への影響に関する標準化推定値は，0.36（$p<0.001$），仮説2が問題とする，ヒント-開発対象間関係の，ビジョン-開発対象間関係への影響に関する標準化推定値は，0.15（$p<0.05$），仮説3が問題とする，具体的想像の，ビジョン-開発対象間関係への影響に関する標準化推定値は，0.21（$p<0.01$）となった。

　これらの推定結果から，順に，ビジョン-開発対象間関係がより遠いものであれば，アイデア創造性はより高くなり得るであろうことがいえ，仮説1は支持されたといえる。ヒント-開発対象間関係がより遠いものであれば，ビジョン-開発対象間関係もより遠いものとなり得るであろうことがいえ，仮説2は

支持されたといえる。ビジョンの具体的想像がよりなされたならば，ビジョン－開発対象間関係はより遠いものとなり得るであろうことがいえ，仮説3は支持されたといえる。

4　考　察

■ 4-1　アイデア創造性に繋がるビジョン

　上述の仮説1の検証結果から，新製品・サービス想像（すなわち新製品・サービスのアイデア創出）時の，開発対象分野とビジョンとの組み合わせにおいて，そのビジョンが，開発対象分野からより遠い関係にあるならば，想像される新製品・サービスは（すなわち創出される新製品・サービスアイデアは），より創造性の高いものとなり得ることが示唆される。

　これは，新製品・サービスの想像においてはビジョンと開発対象分野の組み合わせがなされるとの前提において，Finke et al.（1992）や Ward et al.（2002）による，想像においては概念組み合わせがなされること，Mobley et al.（1992）や Wisniewski（1997）による，その概念組み合わせによって得られるアイデア創造性とはその概念間の関係に依存するとの知見と整合的である。これまでに Lynn & Akgun（2001）や Reid et al.（2014）によって，どのようなビジョンが効果的であるかの知見が提示されてきた。本調査はその効果的なビジョンの性質について，認知プロセスの側面から新たな知見を追加するものである。

■ 4-2　開発対象分野から遠いビジョンの特定に繋がるヒント

　上述の仮説2の検証結果から，ビジョン想像時の，何らかのヒントとなったものと現在の顧客の状態との組み合わせにおいて，そのヒントとなったものが，その「開発対象分野からより遠い関係にある」ならば，想像されるビジョンは，「開発対象分野からより遠い関係にある」ものとなり得ることが示唆される。これはすなわち，Ward et al.（2002）によって，概念の組み合わされた結果，得られた新しい概念すなわちアイデアが創造的なものとなり得るとしても，それは組み合わせの対象となった概念とは全く異なるものとなるのではなく，あくまでもそれら対象となった概念の性質を引き継いだものであることが示されてき

たことと整合的である。このビジョン想像の際に選ぶべき概念知識についての知見は，ビジョニングに関する先行研究ではなされてきておらず，本研究がビジョニングを認知プロセスの側面から捉えることで初めて見出されたものである。

■ 4-3　開発対象分野から遠いビジョンの特定に繋がる具体的想像

上述の仮説 3 の検証結果から，ビジョンをより具体的に想像すれば，得られるビジョンは，開発対象分野からより遠い関係にあるものとなり得ることが示唆される。

Reid et al.（2014）は，より具体的なビジョンが，より革新性のあるアイデアの特定に繋がることを示したが，その理由とは，具体的なビジョンは，開発組織が向かう方向を明確に示し，開発組織を動機づけ，協働を促すからという，より組織レベルのものであった。しかしこの結果は，仮説 1 検証結果と合わせて，ビジョンを具体的に想像することが，個人レベルにおいても，新製品・サービス想像の際のビジョンと開発対象分野の関係を介した上で，アイデア創造性の実現に効果があることを示唆するものである。

■ 4-4　ヒント－開発対象分野間関係と，具体的想像との関係

本調査では，開発対象分野から遠い関係にあるものをヒントとしてビジョンを想像することと，ビジョンを具体的に想像することとの相関関係が見られた。その理由として，教示に従って，開発対象分野からより遠い関係にあるものをヒントとして思いつくことができたことが，同時並行的にビジョンをより具体的に想像することを促したり，その逆にビジョンをより具体的に想像することができたことが，開発対象分野からより遠い関係にあるものをヒントとして想起することを促したようなことが考えられる。

■ 4-5　アイデア創造性に繋がるビジョン想像の困難さ

本調査から，ビジョン想像において，開発対象分野からより遠い関係にあるようなものをヒントとし，あるいは具体的に想像することが，開発対象分野からより遠いビジョンの特定に至り得，そのようなビジョンをもとに想像された製品のアイデアが，より創造性の高いものとなり得ることが示唆された。しか

し同時に，そのようなビジョン想像は，介入なく自発的になされたものではな
く，本調査で用いたビジョン想像教示によって促されたものであることに注意
を払う必要がある。しかも，たとえ本調査で用いたような教示を与えることで
ビジョン想像を促したとしても，必ずしもすべての人がその通りにできるわけ
ではないことも示唆された。このことは，人によっては，アイデア創造性の実
現に効果的なビジョンを想像することが困難であろうことが考えられる。いか
にしてより多くの開発者が効果的なビジョンを想像するように促し得るのかの
検討は，今後の重要な課題の1つであることがいえる。

5　知　見

　ビジョニングは，開発に見通しを与え，必然的に発散的になりがちなアイデ
アの探索努力を収束的にさせることで，開発効果を高めるであろうことから，
注目されてきた。ビジョニングにおいては，ビジョンを設定することが，アイ
デア探索の領域を定めることになる。本研究から得られた知見は，ビジョニン
グによってアイデア創造性の実現を意図するときの，ビジョンの特定のあり方
に関するものであり，それは次のようにまとめられる。ビジョニングにおいて，
アイデア創造性の実現に直接的に繋がるのは，新製品・サービス想像の際に，
開発対象分野から意味的に遠い関係にあるビジョンを用いたときであり得る。
さらにその開発対象分野から遠い関係にあるビジョンの特定に起因するのは，
①開発対象分野から遠い関係にあるものをヒントとしてビジョンを想像したと
き，②具体的にビジョンを想像したときであり得る。
　ただし本研究の知見は，いくつかの限界を伴う。まずこの知見は，特定のア
イデア開発課題を用いた，特定の経営学部生を対象とした調査結果から導かれ
たものである。今後はこの仮説を他のアイデア開発課題や他の対象者によって，
あるいは他の方法によって検証して知見の妥当性を高める必要がある。また本
研究では，ビジョンを具体的に想像することが，開発対象分野から遠い関係に
あるビジョンの特定に至り得るとの仮説を，そのように考えられる理由を踏ま
えて設定した。分析の結果，仮説は支持されたが，その理由自体の妥当性も確
認されたわけではない。今後はその理由の妥当性を検討する必要がある。また

今回の知見は，どのような仕方でビジョンを想像すればアイデア創造性を実現できるのかについてであるが，いかにして開発者がそのような仕方でビジョンを想像するように促すことができるのかはまた別の課題であり，今後明らかにしていかなければならない。

　しかし本研究の貢献としていくつかあげることができる。まず理論的には，本研究はビジョニングを認知プロセスの側面から理解する可能性を示したことがある。ビジョニングを，2段階の想像からなり，各想像の段階においては概念組み合わせがなされると捉えることで，より効果的なビジョニングによるアイデア創出のあり方を特定できる可能性を示した。また実務的には，本調査をもとにすれば，アイデア創造性の実現を意図するビジョニングの際には，ビジョン想像の際にヒントとするものを考えるとき，できるだけ開発対象分野からは意味的に遠いものを選ぶこと，あるいはできるだけビジョンを具体的に想像することが推奨される。

参考文献

Amabile, T. M. (1996) *Creativity in Context: Update to the Social Psychology of Creativity*, Westview Press.

Bagozzi, R. P. (1994) *Principles of Marketing Research*, Blackwell.

Bagozzi, R. P., & Yi, Y. (1988) "On the Evaluation of Structural Equation Models," *Journal of the Academy of Marketing Science*, 16(1), 74-94.

Dahl, D. W., & Moreau, P. (2002) "The Influence and Value of Analogical Thinking During New Product Ideation," *Journal of Marketing Research*, 39, 47-60.

Finke, R. A., Ward, T. B., & Smith, S. M. (1992) *Creative Cognition: Theory, Research, and Applications*, The MIT Press. (小橋康章（訳）(1999)『創造的認知―実験で探るクリエイティブな発想のメカニズム』森北出版.)

Fornell, C., & Larcher, D. F. (1981) "Evaluating Structural Equation Models with Unobservable Variables and Measurement Error," *Journal of Marketing Research*, 18, 39-50.

Garcia, R., & Calantone, R. (2002) "A Critical Look at Technical Innovation Typology and Innovativeness Terminology: A Literature Review," *Journal of Product Innovation Management*, 19, 110-132.

Goode, M. R., Dahl, D. W., & Moreau, C. P. (2012) "Innovation Aesthetics: The Relationship between Category Cues, Categorization Certainty, and Newness Perceptions," *Journal of Product Innovation Management*, 30(2), 192-208.

第Ⅰ部

第Ⅱ部

第Ⅲ部

Hair Jr, J. F., Black, W. C., Babin, B. J., & Anderson, R. E. (2014) *Multivariate Data Analysis 7th ed.,* Pearson.

Im, S., & Workman Jr., J. P. (2004) "Market Orientation, Creativity, and New Product Performance in High-Technology Firms," *Journal of Marketing*, 68, 114-132.

Koesteler, A. (1989) *The Act of Creation*, Penguin Books.

Kosslyn, S. M., Thompson, W. I., & Ganis, G. (2006) *The Case for Mental Imagery*, Oxford University Press.（武田克彦（監訳）（2009）『心的イメージとは何か』北大路書房.）

Lynn, G. S., & Akgun, A. E. (2001) "Project Visioning: Its Components ＆ Impact on New Product Success," *Journal of Product Innovation Management*, 18, 374-387.

Mobley, M. I., Doares, L. M., & Mumford, M. D. (1992) "Process Analytic Models of Creative Capacities: Evidence for the Combination and Reorganization Process," *Creativity Research Journal*, 5(2), 125-155.

Mugge, R., & Dahl, D. W. (2013) "Seeking the Ideal Level of Design Newness: Consumer Response to Radical and Incremental Product Design," *Journal of Product Innovation Management*, 30(S1), 34-47.

Mumford, M. D., Baughman, W. A., Maher, M. A., Costanza, D. P., & Supinski, E. P. (1997) "Process-Based Measures of Creative Problem-Solving Skills: IV. Category Combination," *Creativity Research Journal*, 10(1), 59-71.

Reid, S. E., Roberts, D., & Moore, K. (2014) "Technology Vision for Radical Innovation and Its Impact on Early Success," *Journal of Product Innovation Management*, 32 (4), 593-609.

Rogers, E. M. (2003) *Diffusion of innovations 5th ed.,* Free Press.（三藤利雄（訳）(2007)『イノベーションの普及』翔泳社.）

Talke, K., Salomo, S., Wieringa, J. E., & Lutz, A. (2009) "What about Design Newness? Investigating the Relevance of a Neglected Dimension of Product Innovativeness," *Journal of Product Innovation Management*, 26, 601-615.

Van de ven, A. H. (1986) "Central Problems in the Management of Innovation," *Management Science*, 32(5), 590-607.

Ward, T. B., Patterson, M. J., Sifonis, C. M., Dodds, R. A., & Saunders, K. N. (2002) "The Role of Graded Category Structure in Imaginative Thought," *Memory & Cognition*, 30(2), 199-216.

Wilkenfeld, M. J., & Ward, T. B. (2001) "Similarity and Emergence in Conceptual Combination," *Journal of Memory and Language*, 45, 21-38.

Wisniewski, E. J. (1997) "Conceptual Combination: Possibilities ＆ Esthetics," In: Ward, T. B., Smith, S. M., Vaid, J. (Eds.) *Creative Thought: An Investigation of Conceptual Structures ＆ Processes*, American Psychological Association, 51-81.

山崎　亮 (2012)『コミュニティデザインの時代―自分たちで「まち」をつくる』中央公論新社.

おわりに

　ここでは，第3章から第4章にかけて記述した研究知見をまとめる。第3章では，イノベーションにつながるアイデア創出を意図するビジョニングの認知プロセスを調べた。第4章では，そのようなビジョニングによりアイデア創造性をもたらす要因を調べた。それらの知見をまとめれば，次のようになる。

■ 1　第3章からの知見

　ビジョン，ビジョニング，ビジョニングによるアイデア創出の定義については，次のとおりである。

　　ビジョン：開発対象分野においての顧客が望むような未来の状態。
　　ビジョニング：開発対象分野においての新たな製品・サービス開発のために，ビジョンを想像すること。
　　ビジョニングによるアイデア創出：開発対象分野に関して，ビジョンを想像した上で，そのビジョンを実現するための新製品・サービスアイデアを創出すること。

　イノベーションにつながるアイデアの創出を意図するビジョニングにおける認知プロセスとは，次のようなモデルで説明できるであろう（図1）。

　　ビジョニングの2段階想像モデル：
　　　ビジョン想像の際に，新しい概念としてのビジョン（Y）とは，開発者にとっての希望的要素（X）の属性（x）と，現在の状態（A）の属性（a）との組み合わせ試行によって，導かれる。
　　　ビジョン実現要素としての新製品・サービスアイデアは，そのビジョン（Y）の属性（y）と，開発対象分野（B）の属性（b）との組み合わせ試行によって導かれる（新たな概念（Z））。

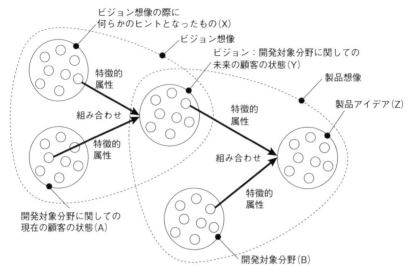

図1　ビジョニングの2段階想像モデル（再掲）

さらにここで，ビジョニングにおいて，次の2点が，より，特に市場的・技術的に新規的なアイデアの創出につながり得ることが考えられる。

A　（開発者にとっての）希望的要素を，（内部情報よりも）外部情報に依拠して，ビジョンを想像すること

B　現在の（企業の状態よりも）市場の状態をもとに，ビジョンを想像すること

■ 2　第4章からの知見

ビジョニングの2段階想像モデルをもとにすれば，ビジョニングにおいて，次の2点が，よりアイデア創造性の実現につながり得ることが考えられる。

①開発対象分野から遠いものをヒントにビジョンを想像すること

②未来の顧客の状態について，具体的にビジョンを想像すること

■ 3　第3章と第4章の知見の比較

　第3章で得られた知見と，第4章で得られた知見とは，次のように比較考察される。

　Aは，①に対応することが考えられる。外部情報から導かれた希望的要素の方が，内部情報からのそれよりも，より開発対象分野から遠いものであろうことが想定されるからである。

　Bは，②未来の顧客の状態について，具体的にビジョンを想像することと関連がありそうであるが，はっきりとは分からない。Bも②も市場や顧客のことを想像することについては同様ではあるが，Bは，想像に取り入れる知識領域（企業か市場か）のことであるのに対して，②は，想像の仕方（どれほど具体的にか）のことであり，その点では両者は異なる。B現在の市場の状態をもとにビジョンを想像することの妥当性を，定量的に検討することは今後の課題として指摘される。以上は図2のように示される。

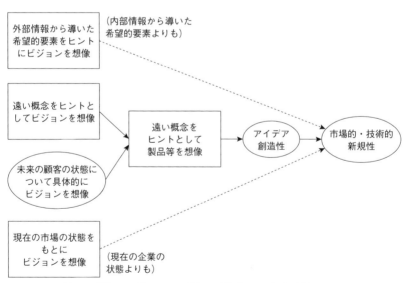

図2　ビジョニングにおけるビジョン想像とアイデア創造性との関係

　第Ⅱ部ではビジョニングによるアイデア創出について検討した。ここ
では，少し脇道にそれ，心理学的な時間の捉え方や未来を想像すること
の作用などについて触れてみたい。

　未来とはまだ来てはいない時間を指す。時間は人間にとって大きな謎
の１つであり，古くから多くの研究者によってさまざまな角度から研究
がなされてきた。例えば，物理学，天文学，生理学，哲学など多くの分
野で膨大な量の研究が蓄積されている。心理学的な時間に関する研究は，
Frank（1939）が時間的展望（time perspective）という語を初めて用い，
Lewin（1951；1974）によって「ある一定の時点における個人の心理学的
過去および未来についての見解の総体」と定義されてから多くの検討が
なされ，生活における心理的時間の重要性が指摘されてきた。例えば，
時間の経過１つをとっても，時間は過去から未来に一方向的に流れてお
り戻ることはできない。人の行動はこの時間の不可逆性という有限性の
上にあり，それが不安や恐れの大きな源にもなっている。他方，何が起
ころうとも，夜が明け，朝が来て日々は繰り返される。春夏秋冬の季節
が過ぎると，また春がくる。この定期的な周期性がまた私たちに安らぎ
を与えている。私たちのあらゆる行動は，心理的な時間とともにあると
も言えるだろう。

　Lewin（1948；1954）は，個人の生活空間は個人が現在の状況と考えて
いるものだけでなく，未来，現在，過去も含んでいるとした。例えば，
現在，保険に入ることは将来のリスクへの備えであり，このように行動
している人と，将来のことをあまり考えずに行動している人の差を説明
する概念が時間的展望ということになる。

　それでは，未来を想像することにはどのような作用があるだろうか。
ウィーンの精神医学者のヴィクトール・フランクル（Viktor Frankle）は
実存分析等を提唱した著名な学者である。彼は第二次世界大戦中のアウ
シュビッツ強制収容所での自身の体験をもとにした著書『夜と霧』
（Frankle 1946；1961）の中で，極限状況の中で希望を失った人たちから倒

れて行ったことを示し，希望の重要さを説いた。同時に，フランクルは，クリスマスと翌年の新年のあいだに，大量の死亡者が出たことも報告した。そのことについてフランクルは，多数の人がクリスマスには家に帰れるだろうという素朴な希望を持っており，それが叶えられなかったことによる失望，落胆により生命の抵抗力が致命的に奪われたのであろうと考察した。希望を持つことの絶大な影響と，それが失われた際の打撃の大きさが示されたエピソードである。フランクルによると，見通しが持てない状況の中では安易な見通しではなく，現実的に向き合った「確かな希望」を見出せるかどうかが重要であるという。

　守屋（1998）は，現在の苦悩と努力の差は未来の捉え方によるとした。苦悩も努力も精神エネルギーの集中現象という点では共通しているが，未来が閉ざされているという感じる場合はそれは苦悩となり，未来が開かれている場合にはそれは努力となると指摘した。このように，同じエネルギーを費やしても，未来をどう捉えるかにより消費する精神エネルギーの活用性と発展性も変わってくる。

　未来をどう捉えるかが人間に与える影響は重大であることがわかるが，それらを変化させることを教育や福祉等に役立てる取り組みもある。Oyserman et al.（2002）は，成功した自分自身を想像するプログラムの効果を報告している。また，文脈は異なるが，心理療法においても，問題の原因を探って問題を取り除いていこうとする従来の発想から，対象者が望む未来イメージに向けて，具体的な目標を作る未来・解決志向の心理療法も提唱されている（Berg & Yvonne 2001；2003）。

　このように未来をいかに捉えるかは現在の生活に影響を及ぼす。肯定的な未来を想像することにより，現在の生活の中で，変わりうることに注目することができ，普段は気づかない新たな可能性が見出される可能性がある。さらなる知見の積み重ねを待ちたい。

参考文献

Berg, I. K., & Yvonne, M. D.（2001）*Tales of Solutions: A Collection of Hope-inspiring Stories.* Norton.（長谷川敬三（監訳）（2003）『解決の物語―希望が

ふくらむ臨床事例集』金剛出版.）

Frank, L. K.（1939）"Time Perspective," *Journal of Social Philosophy*, 4, 293-312.

Frankle, V. E.（1946）*Ein Psycholog Erlebt das Konzentrarionslager*, Verlag Für Jugend und Volk.（霜山德爾（訳）（1961）『夜と霧―ドイツ矯正収容所の体験記録』みすず書房.）

Lewin, K.（1948）*Resolving Social Conflicts: Selected Papers on Group Dynamics*, Harper and Brothers.（末永俊郎（訳）（1954）『社会的葛藤の解決―グループダイナミクス論文集』東京創元社.）

Lewin, K.（1951）*Field Theory and Social Science*, Harper.（猪股佐登留（訳）（1974）『社会科学における場の理論』誠信書房.）

Oyserman, D., Terry, K., & Bybee, D.（2002）"A possible Selves Intervention to Enhance School Involvement," *Journal of Adolescence*, 25(3), 313-326.

守屋國光（1998）『未来分析―健全に苦悩するために』ナカニシヤ出版

第Ⅲ部

組織による創造性発揮と創造的認知

は じ め に

■ **問題意識**

　前章までにおいて議論したアイデア開発における創造性に関わる認知プロセスすなわち創造的認知の問題は，より大きな視点からは，開発組織による創造性発揮の問題の一部，さらには開発成功要因の問題の一部と見なされる。そこで以降では，開発組織による創造性発揮の一要因として，あるいは開発成功要因の一要因としての個人の認知プロセス（認知）の位置づけを確認する。

　まず第5章において，組織による創造性発揮の要因についての先行研究をレビューする。ここでは個人の認知プロセスの，組織による創造性発揮の要因の中での位置づけが明らかにされる。

　そして第6章において，組織における多様性と創造性の関係についての先行研究をレビューする。ここでは，組織の多様性が，その創造性発揮に影響を与えるメカニズムが明らかにされる。

　第7章では，組織による開発成功要因の観点から，個人の認知プロセスの役割を考察する。ここでは特に中小企業による新製品開発に焦点を当てる。なぜならば，中小企業もイノベーションが求められていると同時に，中小企業による開発においては，経営者などの個人の役割が特に重要であることが想定されるからである。さらにここでは，そのFEフェーズと呼ばれる開発上流の管理に焦点を当てる。なぜならば，FEフェーズの管理こそが，特に開発の成否にとって重要であることが知られているからである。FEフェーズ管理の成否についてはこれまでに，Markham（2013）と Khurana & Rosenthal（1998）によってその説明の試みがなされてきたが，ここでは中小企業の開発に関しては，彼らの説明では限界があること，そして Lubart & Sternberg（1995）の創造性理論による方が適切であろうことを主張する。その上でその Lubart & Sternberg（1995）の創造性理論によって中小企業による開発の成功要因を説明するとき，個人の認知プロセスも，重要な役割を担っていることが明らかにな

るころを示すものである。

参 考 文 献

Khurana, A., & Rosenthal, S. R. (1998), "Towards Holistic "Front Ends" in New Product Development," *Journal of Product Innovation Management*, 15, 57-74.

Lubart, T. I., & Sterngerg, R. J. (1995) "An Investment Approach to Creativity: Theory and Data," In: Smith, S. M., Ward, T. B., & Finke, R. A. (Eds.) *The Creative Cognition Approach*, The MIT Press, 271-302.

Markham, S. K. (2013) "The Impact of Front-End Innovation Activities on Product Performance," *Journal of Product Innovation Management*, 30(S1), 77-92.

第5章

組織による創造性発揮の要因

　前章までにおいて議論したアイデア開発における創造的認知の問題は，より大きな視点からは，組織による創造性発揮の問題の一部と見なされる。ここでは，先行研究による組織による創造性発揮の要因についての説明をレビューすることで，組織よる創造性発揮の一要因としての創造的認知の位置づけを確認する。第1節において，組織による創造性発揮の要因を説明するモデルを提示する研究をレビューしたのち，第2節と第3節において，そのモデルを構成する個人的要因および集団的要因の説明をレビューする。第4節において，創造性の評価についての先行研究による説明をレビューしたのち，第5節で組織による創造性発揮の要因についての知見をまとめる。

1　組織による創造性発揮の要因を説明するモデル

　Klijin & Tomic（2010），開本・和多田（2012）は，組織による創造性発揮の要因を包括的に説明する先行研究をレビューしている。彼らによるレビューから，これまでの研究において，組織による創造性発揮の要因としての個人の創造的認知の位置づけを考えるにあたり特に参考になるものとして，Amabile（1988），Sternberg & Lubart（1991 ; 1996），Woodman et al.（1993），Andriopoulos（2001）を取り上げたい。

　Amabile（1988）は，Amabile（1983）で提唱した個人の創造性発揮を説明するモデルである「創造性の要素構成モデル」[1]をもとに，組織によるイノベーシ

---

1) この Amabile（1983）による「創造性要素構成モデル」は，その後の Amabile（1996）により，「創造性要素構成フレームワーク」（Componential framework of creativity）として若干修正され，提示されている。

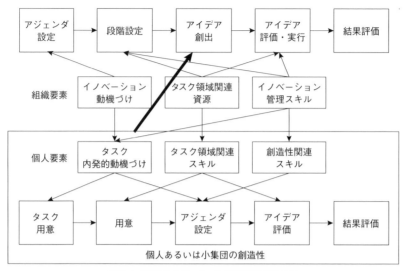

図 5-1　組織イノベーションの要素構成モデル
（Amabile（1988：152）Fig. 2. Componential model of organizational innovation）

ョンの要因を包括的に説明するモデルとして，「組織イノベーションの要素構
成モデル（Componential model of organizational innovation）」を提唱した。これは，
（個人内の）創造的結果をもたらすプロセスと要因，およびそれに影響を及ぼす
組織的要因の包括的な説明を試みるものである。このモデルにおいては，創造
的結果は，タスク用意→用意→アイデア創出→アイデア評価からなる創造性プ
ロセスの結果としてもたらされること，そしてそのプロセスは，タスク実行の
ための内発的動機づけ，タスク領域関連スキル，創造性関連スキルの影響を受
けるとされる。そしてさらにタスク実行のための内発的動機づけは，組織要素
であるイノベーション動機づけ，タスク領域関連スキルは，組織要素であるタ
スク領域関連資源，創造性関連スキルは，組織要素であるイノベーション管理
スキルに影響を受けると説明される（図 5-1）。

　Sternberg & Lubart（1996；1991）や Lubert & Sternberg（1995）は，個人に
よる創造的活動を，投資家による投資活動と類比させ，創造性投資理論
（Investment Theory of Creativity）を提唱した。ここでは，個人による創造性発
揮は，ほとんど人に見向きもされないような「安い」アイデアを「買い」，それ

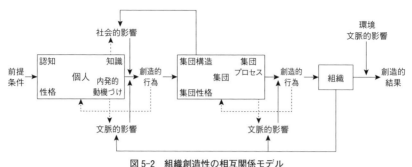

図 5-2　組織創造性の相互関係モデル

（出所：Woodman et al.（1993：295）Fig. 1. An Interactional Model of Organizational Creativity より）

を高い価値があるように他の人に「売る」ことを試みるようなものであるとされる。そしてその上で，投資家が投資による成果を得るためには，6種の資源，すなわち知能（問題設定，洞察に関わる能力）（Lubart & Sternberg（1995）では「思考プロセス」とされる），知識，思考スタイル，性格（課題を克服しようとする意思など），動機づけ，および環境（投資行為を支援するような環境）が必要であることから，それらの6種の資源とはそのまま，個人の創造性発揮に必要な資源であると主張される。

　Woodman et al.（1993）は，組織による創造性発揮を説明するモデルを提唱した。このモデルにおいては，組織による創造性発揮は，個人と環境との相互作用に依存することが想定される。特に個人が集団に影響し，集団がまた個人に影響するというサイクルの結果が組織による創造性発揮となる，またその組織が個人や集団に文脈として影響すると主張される（図5-2）。さらにここでは，個人的要因には，個人の認知スタイル，知識，性格，動機づけが，集団的要因には，集団構造，集団プロセス，集団性格が，それぞれ含まれる（図5-2）。

　Andriopoulos（2001）は，より組織自体に焦点を当て，組織による創造性発揮の要因として，組織状況（表現の自由度など），組織文化，リーダーシップスタイル，資源・スキル（人的資源管理など），組織構造・システム（フラットな組織構造など）を提示した（図5-3）。

　以上の考え方は，次のように統合されよう。すなわち Amabile（1988），Sternberg & Lubart（1996），Woodman et al.（1993），Andriopoulos（2001）はいずれも個人と集団・組織の創造性発揮に与える要因を示す。その中でも

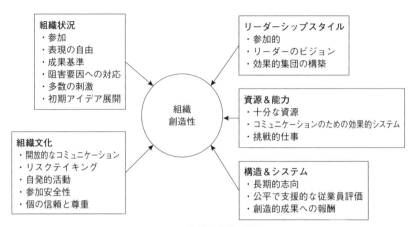

図 5-3　組織創造性の要因

（Andriopoulos〔2001：835〕Fig. 1. Factors affecting organizational creativity）

Amabile（1988）と Sternberg & Lubart（1996）はより個人的要因を重視したものであり，彼らが指摘するその個人的要因とは，認知，動機づけ，知識，性格からなるといえる（性格については，Sternberg & Lubart（1996）のみ）。Amabile（1988）はその個人的要因に影響を及ぼす組織的要因も指摘し，それは個人的要因に対応する動機づけ，資源，管理スキルであるとする。それらはいずれもそれらの内実を見れば，Woodman et al.（1993）による集団構造に含まれるといえるだろう。

　一方，Woodman et al.（1993）は個人と集団に焦点を当てた上で，個人的要因については Amabile（1988），Sternberg & Lubart（1996）とほぼ同様であるが，集団的要因については，集団構造，集団プロセス，集団性格からなることを指摘するものである。

　Andriopoulos（2001）は，組織視点からの考察を補うべく，組織的要因として，組織状況，組織文化，リーダーシップスタイル，資源・スキル，組織構造・システムを指摘するものである。ただしその内実を精査すれば，Woodman et al.（1993）の集団的要因と重なる部分が多い。

　以上を表 5-1 に示す。次には，個人的要因と組織的・集団的要因それぞれについて，順に解説する。なお組織と集団の区別について，Amabile（1988）は組織のみを，Woodman et al.（1093）は組織と集団を区別した上で両方を，

表 5-1　組織による創造性発揮に与える要因

	Amabile（1988）組織イノベーションの要素構成モデル	Sternberg & Lubart（1996；1991）創造性投資理論	Woodman et al.（1993）組織創造性の相互関係モデル	Andriopoulos（2001）組織創造性
個人	創造性プロセス 創造性関連スキル	知能（思考プロセス） 思考スタイル	認知スタイル	
	タスク動機づけ	動機づけ	内発的動機づけ	
	領域関連スキル	知識	知識	
		性格	性格	
組織・集団	タスク領域関連資源 イノベーション管理スキル イノベーション動機づけ	環境	集団構造	組織構造・システム 資源・スキル リーダーシップ
	イノベーションプロセス		集団プロセス	
			集団性格	組織文化 組織風土

Andriopoulos（2001）は組織のみをそれぞれ扱う。一般に組織も集団も，複数人の集まりを指すが，組織は複数種の職能や職階や役割などからの構成が前提とされるような複数人の集まりである一方，集団はそのような構成は前提とされない複数人の集まりを意味すると見てよいだろう。例えば次の第 3 節 2 項で見る Osborn（1953）や Diehl & Stroebe（1987）は，複数人による創造性発揮の問題を扱うが，彼らが扱うのは，複数種の職能や職階や役割などからの構成が前提とされる組織ではなく，あくまでも複数人によるだけの集団である。本書では，開発組織という組織を扱っているが，複数種の職能や職階，役割の構成を問題とするわけではない。また次に見るように Woodman et al.（1993）による集団構造，集団プロセス，集団性格の説明に主に依拠するために，以下では，組織的要因として，集団構造，集団プロセス，集団性格があるものと見なし，そのように表現することとする。

2　個人的要因：認知，知識，動機づけ，性格

　個人的要因については，Amabile（1988），Sternberg & Lubart（1991），

Woodman et al.（1993）に依拠して記述する。

■ 2-1 認　知

　個人の認知は，Amabile（1988），Sternberg & Lubart（1991），Woodman et al.（1993）による組織や個人の創造性発揮を説明する包括モデルの中で，常に重要な要因の1つとして位置づけられる。特にAmabile（1988）は，組織による創造性発揮に影響を与える要因群の中でも，その組織成員である個人の認知が直接的な要因であることを示す。さらにAmabile（1988）は，認知を，創造的結果にいたる認知プロセス，認知操作に関わるスキルを創造性関連スキルとして，それらを区別する。本書が取り上げた概念結合，アナロジ，心的イメージの活用は，その創造性関連スキルに相当するものである。

　またFinke et al.（1992）は，創造性に関わる認知を「創造的認知」と呼び，一連の研究知見をレビューした。ここで彼らは，個人からの創造性出現に至る一連の認知活動を説明するモデルを，「ジェネプロアモデル」として提示した（図5-4）。このモデルにおいて，創造性は，彼らが「発明先行構造」と呼ぶ心的表象が生成される生成段階と，その発明先行構造が解釈される探索段階を経て，出現に至ると説明される。本書が取り上げた概念結合，アナロジ，心的イメージの合成は，このモデル上では，生成段階における認知活動として位置づけられる。

　また，創造性には，拡散的思考，すなわち問題を感知し，流暢，柔軟に斬新

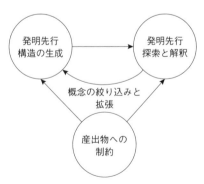

図 5-4　創造性発現のジェネプロアモデル

（Finke et al.（1992：18）Fig.2.1）

なアイデアを創出し，情報を合成・再構築する能力（Guilford 1959），1つに限らないさまざまな解決の可能性を，必ずしも論理的にではなく広げて探る思考（無藤ら 2009）が求められるとされる。この拡散的思考も，概念結合やアナロジの活用において，より知覚的に遠い知識を結びつけることに役立つがゆえに，創造性につながると説明できる。

■ 2-2　知　　識

　知識も，個人の創造性発揮に影響を与える要因の1つとして指摘される。本書が取り上げた概念結合，アナロジの活用とは，さまざまな知識を結びつける仕方であることから，知識も認知と並んで重要となることは当然である。さらに，前章までで示してきたように，概念結合，アナロジ活用において，互いにより知覚的に遠い概念知識を用いることが，より創造性の高いアイデアにつながることから，より多様な知識にアクセスできることが重要となる。

■ 2-3　動機づけ

　個人の動機づけ，特に内発的動機づけも，創造性発揮に影響を与える重要な要因の1つとして位置づけられるものである。Amabile（1988）によれば，個人に対する創造性発揮への動機づけが，その個人の認知プロセスの駆動につながり，それが創造的結果となる。動機づけは大きく，内発的なものと外発的なものとに分けられ，創造性の発揮には内発的動機づけがより効果的であることが示されてきた。しかし Amabile（1993）は，外発的動機づけであっても，特定のタイプのそれは，より積極的に創造性の発揮に役立つことを示した。特に問題の特定の場合などでは，それ自体の関心からもたらされる内発的動機づけと同時に，それによって他者から評価されたいという欲求から来る外発的動機づけ（すなわち取り入れ的外発的動機づけ）も併存して効果を発揮することが指摘された。

■ 2-4　性　　格

Sternberg & Lubart（1991），Woodman et al.（1993）は，性格も，個人の創造性発揮に与える重要な要因の1つとしてあげる。創造性の発揮につながるよ

うな性格として，幅広い分野への関心，好奇心，複雑性への興味，高い活力，自律的，我慢強い，などがあげられてきた（Woodman et al. 1993）。幅広い分野への関心や好奇心などは，拡散的思考につながることが考えられ，高い活力，自律的などは，内発的動機づけにつながることが考えられる。

　また Csikszentmihalyi（1996）は，極めて創造的な人物に共通する性格の特徴として，「複雑性」をあげた。ここで彼がいう「複雑性」とは，通常は矛盾して成立しないような両極端の特性を持つことを意味し，具体的には次の 10 のペアからなる対照的な性格特性をあげる。すなわち，①身体的エネルギーを持ちつつ，物静かで落ち着いている，②頭脳明晰でありながら，単純でもある，③遊び心と自制心を持つ，④空想や想像と，現実感の間を行き来する，⑤外向性と内向性の間の連続対の両極端を漂う，⑥謙虚でかつ傲慢，⑦「男性的」「女性的」といった性役割の固定観念から自由である，⑧伝統的・保守的であると同時に反逆的・因習打破的，⑨情熱的でありかつ客観的，⑩開放性と感受性により，苦悩と苦痛，そして多くの楽しさにさらされる。

3　組織的要因：集団構造（組織システム，資源・スキル，リーダーシップ含む），集団プロセス，集団性格（組織文化，組織風土含む）

　組織的要因については，Amabile（1988），Woodman et al.（1993）および Andriopoulos（2001）に依拠して記述する。

■ 3-1　集団構造・システム・リーダーシップ

　Woodman et al.（1993）によれば，集団構造とは，集団におけるリーダーシップ，メンバー構成（多様性含む），集団の規模やメンバー間連携体制などを指す。一方，Andriopoulos（2001）によれば，組織構造・システムとは，職階の階層構造や職能間連携体制，報酬，業績評価，職務内容，人的管理システムなどを指す。また Andriopoulos（2001）はリーダーシップを組織構造・システムとは分けて捉えている。

　いずれにしても組織あるいは集団構造・システムは，特に創造性発揮のための動機づけに影響を及ぼすことが指摘されている。例えば，メンバー構成がよ

り多様である方が，また連携体制がより有機的な方が，より創造的結果につながるといったような知見が見出されてきている（Woodman et al. 1993）。あるいは金銭的報酬も，メンバーがそれにより管理されていると感じられるものであれば，それは外的調整の外発的動機づけとなり，そのメンバーによる創造性発揮に一時的に良い影響しか与えなかったり，長期的には悪影響になることが知られている（アンダーマイニング効果）（Amabile 1998）。また適度にチャレンジングな職務は，メンバーを内発的に動機づけ，その創造性発揮により良い効果を与える（Amabile 1996）。

　またリーダーシップに関し，組織のリーダーによるリーダーシップの質，例えば，リーダーがより民主的で協力的である方が，より創造的結果につながるといったような知見が見出されてきている（Woodman et al. 1993）。またリーダーが組織メンバーに示すビジョンの内容，そのビジョンの示し方，組織作り，メンバーが持つ自由さと責任のバランス構築，メンバーとのコミュニケーションがやはり，組織の創造性発揮に影響を及ぼす（Andriopoulos 2001）。

　Andriopoulos（2001）は，組織の資源・スキルを，組織構造・システムとは分けて捉えている。その資源・スキルには例えば，人的資源，財務的資源，情報資源，開発に必要な物的資源，時間的資源などを含む。特に人的資源に限っていえば，そもそも創造性の高い人材を保持しているだけでなく，そのような人を引きつけるような仕事，創造性研修，人間関係なども重要となる。裏返せばこれは，これらのような資源やスキルが限定されていれば，それだけ組織の創造性発揮も限定されることになることを意味する。

　組織分析の視点からは，Waterman et al.（1980）も組織の構造・システムと組織が持つスキルを分けているように，その方が理にかなっているかもしれない。しかし Andriopoulos（2001）がいう組織の資源・スキルの内実を見れば，それはかなり組織構造・システムに重なっているとみることもできるために，ここでは組織の資源・スキルも，組織の構造・システムに含めておくことにする。

　また Amabile（1988）は組織的要因として，イノベーションのための動機づけ，タスク領域関連資源，イノベーション管理スキルをあげるが，これらはいずれも，Woodman et al.（1993）がいう集団構造に含まれると見てよいだろう。Amabile（1988）によれば，イノベーションのための動機づけには，リーダーに

よるコミュニケーションやビジョン，未来に向けての戦略などが重要である。またタスク領域関連資源とは，まずイノベーション実行のための知識を持つ人的資源，関連市場に詳しい人的資源，財務的資源，物的資源，市場知識資源などが含まれ，これらは個人のタスク領域関連スキルおよび組織によるイノベーションプロセスの実行に影響を及ぼすとされる。イノベーション管理スキルとは，アイデア創出のために適切な自由さと制限のバランス，目標設定，開かれたコミュニケーション，適切な仕事，適切な報酬，模範となるような管理職などを含み，それらは，個人の創造性関連スキルおよび組織のイノベーションプロセスに影響を及ぼすとされる。

■ 3-2 集団プロセス

　集団プロセスとは，集団がいかに問題にアプローチし，取り組むかを指す（Woodman et al. 1993）。ブレインストーミング（Osborn 1953）や，KJ法（川喜田 2017）などは，この集団プロセスに含まれる。また第Ⅱ部で取り上げたビジョニングも，ここに含まれると見てよい。

　ブレインストーミングは，集団によるアイデア創出の手法であるが，ここでは，集団のメンバーが，それぞれ知識やアイデアの断片を出し合い，さらにそれらを組み合わせたり展開することによりアイデアを創出した方が，メンバー個々によるアイデア創出を集計した場合よりも，より創造性の高いアイデアの特定に至ることが期待される（Osborn 1953）。ただしその後の Diehl & Stroebe（1987）等による研究により，Osborn（1953）のいうブレインストーミングの手順では，集団によるアイデア創出は，メンバー個々によるそれよりも，より高い創造的なアイデアの特定に至るとは限らないことが示されてきた。さらにその理由として，「生産性の減少（Productivity Loss）」（アイデアを見せたいが順番がまだこない，時間がない）と呼ばれる社会的阻害要因の存在が指摘された（Diehl & Stroebe 1987；Nijstad & Stroebe 2006）[2]。さらにその後，Girotra（2010）あるいは

---

2) その他の社会的阻害要因として，「批評恐れ」（批判されたくない，凄いと思われたい）や「フリーライド」（誰かが出すだろう）の存在も指摘されてきたが，Diehl & Stroebe（1987）によれば，それらは比較的重要ではない。

Stam et al.（2013）により，改良版ブレインストーミングとして，アイデア生成を個人ベースで行い，アイデア評価を集団ベースで行うという手順が提案され，その効果が示された。

　ブレインストーミングや KJ 法以外にも，今日までに数多くのいわゆる「発想法」に類する組織あるいは集団によるアイデア創出を促す技法が提唱されてきているが（例えば山岡 2022，矢野経済研究所未来企画室 2018，加藤 2015），その多くはいずれもこの集団プロセスに関するものと見ることができるだろう。

■ 3-3　集団性格・組織文化

　集団性格とは，Woodman et al.（1993）によれば，メンバーの一体性や集団成立の期間を意味する。例えばメンバーの一体性と集団の創造性とは，曲線の関係にあることが指摘されている（Woodman et al. 1993）。一方，Andriopoulos（2001）は，組織の創造性発揮の要因の1つとして，組織文化をあげる。組織文化とは，メンバーに共有され，特にリーダーの行動によって体現される基本的な価値観，前提や信念を意味する。メンバーの行動様式や用いる言葉も，その組織の文化を体現するものと見ることができる。組織文化が，より多様性や学習を促す，より元気づける，オープンなコミュニケーションを促す，チャレンジを追求し，リスクに寛容である，個人の自律性を促すようなものであれば，それはよりその組織の創造性を高めることが示されてきている。

　Woodman et al.（1993）がいう集団性格，Andriopoulos（2001）がいう組織文化は，それらの内実をみれば，大体同じ現象を捉えていると見ることができる。

　なお，Andriopoulos（2001）は，組織の雰囲気や組織の空気といったものを組織風土として，組織文化とは区別する。それには例えば，意見を言いやすい雰囲気，実験のしやすさ，失敗に対する許容などを含む。そういったものが組織の創造性に影響を及ぼすとされる。しかしそれらは結局は，組織メンバーの考え方や価値観に依存するものであることから，ここではこれらも，組織文化に含めるべきものと考える。

■ 4-1 創造性の評価方法

以上で見てきた組織による創造性発揮の要因に対する，創造性発揮の結果はどのようにして評価されるべきであろうか。これまでの研究において，いくつかの方法が提示されてきている。

その1つには，創造性発揮により，なされた行為に注目する方法がある。すなわち行為が，どれほど創造的かを評価する仕方である。その仕方を提唱する研究の中で代表的なものは，Torrance（1962）による Torrance Tests of Creative Thinking（TTCT）である。この TTCT によれば，なされた行為がどれほど創造的なものかは，①流暢性（Fluency），すなわちどれほどの数のアイデアが創出されたか，②柔軟性（Flexibility），すなわちどれほどの多様なアイデアが創出されたか，③発展性（Elaboration），すなわちどれほどアイデアは発展・展開されたか，④独創性（Originality），すなわちどれほどの希少なアイデアが創出されたか，の4次元で評価される。

ただしこの行為を評価する方法に対しては，現実の創造性という現象を確かに評価できてはいないのではないか（構成概念妥当性），創造性と捉えるにはあまりにも狭いものしか評価していないのではないか，その評価は評価者の主観によらざるを得ないのではないか，といった疑問が呈されている（Amabile 1996）。

あるいは TTCT を持ち出さずとも，創造的思考の特徴である拡散的思考がなされた結果を表すものとして，創出されたアイデアの数や多様性が評価されることもある（例えば Stam et al. 2013, Spanjol et al. 2011）。

2つには，創造性発揮の結果，得られた産物の質に注目する方法がある。すなわち産物の質が，どれほど創造性のあるものかを評価する仕方である。その産物（例えばアイデア）の創造性の評価軸として，まず第1に，新規性，すなわちそれがどれほど新しいものかが主張されてきた（例えば Csikszentmihalyi 1996, Goode et al. 2012, Mugge & Dahl 2013, Talke et al. 2009）。第2に，有意味性，すなわちそれがどれほど意味のあるものかによって評価されることが主張されてきた（例えば Amabile 1996）。またその評価は，その産物が生じる時（時代），文

化を考慮すべきであり，またその産物が含まれる分野に親しい人によってなされるべきであることが主張された（Im & Workman Jr. 2004, Amabile 1996）。

　近年の新製品・サービス開発研究の多くは，この得られた産物の質を創造性評価の対象とする仕方を採用し（例えば Dahl & Moreau 2022, Dahl et al. 1999），また本書に掲載した調査でもこの仕方によっている。

■ 4-2　本書の調査における創造性の評価方法

　また，本書に掲載した調査では，対応する各章にて記述した通り，創造性の評価軸として，新規性（あるいは独創性）を取り上げた。上述を踏まえれば，有意味性についても，新規性とは別に評価すべきことも考えられるが，有意味性を評価しなかったのは次の理由による。

① Csikszentmihalyi（1996），Goode et al.（2012），Mugge & Dahl（2013），Talke et al.（2009）が主張するように，まず第一に，新しいと知覚されることがその創造性の質を表していると考えた。

②一方，有意味性を実現するためには，アイデア創出と修正の繰り返し，すなわち収束的思考が必要であることが，Chan & Schunn（2015）によって示されている。本書の調査においては，まずは開発者による概念結合，アナロジ，心的イメージの活用とそれらの関係を理解すること，あるいはビジョニングにおける認知プロセスを理解することに焦点を当てた。アイデアの有意味性までを実現するために，そのようなアイデア開発と修正の繰り返しを本調査の調査デザインに含めることは，本調査の焦点から外れるものとなる。

　これらの理由により，本調査では，創造性の評価軸として，創出されたアイデアの新規性を主に取り上げた[3]。

5　組織による創造性発揮と組織的要因，個人的要因

　以上までに見てきた組織による創造性発揮の組織的要因と個人的要因は，大

まかには次のような関係にあるものとして示される。まず組織の創造性結果は，個人的要因（認知，知識，動機づけ，性格）に起因し，その個人的要因は，組織的要因（集団構造，集団プロセス，集団性格）に影響される。ただし個人的要因はまた，組織的要因に影響を及ぼす。

　第2節で見たように，個人的要因の中でも，創造的結果に直接起因するのは，Amabile（1996）や Finke et al.（1992）に依拠すれば，認知である。その認知においては，概念知識の想起，組み合わせ，探索・評価がなされるが，それは必然的に知識（量・質とも，外部的知識，内部的知識とも）の影響を受ける。認知と知識はまた，（創造性発揮に対する）動機づけ，および性格の影響を受ける（Amabile 1996）。その動機づけはさらに，性格の影響を受ける。

　一方，第3節で見たように，組織的要因の中でも，集団プロセスは，集団に属する個人の動機づけ，知識，認知に影響を及ぼすことが考えらえる。また，集団構造は，個人の動機づけ，知識（の獲得・拡張）に影響を与える。集団性格も，個人の動機づけ，知識（の獲得・拡張）に影響を与えることが考えられる。

　第Ⅰ部で取り上げた，創造性のための概念結合，アナロジ，視覚化（心的イメ

3）この創造性の評価として，新規性を取り上げるということに関連して，Im & Workman Jr.（2004）による新製品の創造性と開発成果との関係についての知見についても言及しておかなければならない。Im & Workman Jr.（2004）は，新製品開発の文脈における，新製品の創造性と開発成果の関係を調べた。ここで新製品の創造性は，新規性と有意味性について評価され，開発成果は，市場的成果，財務的成果，定性的成果について評価された。この調査からは，新製品の創造性のうち，有意味性が主に開発成果に貢献し，新規性はあまり貢献しないとの知見が見出された。そこで彼らは，創造性は確かに新規性と有意味性の側面からなるが，開発成果に重要なのは有意味性であり，新規性ではないと結論づけた。

　この知見をそのまま受け取るならば，新製品開発において新規性を求める意味はないことになる。しかしながら，この Im & Workman Jr.（2004）の知見に対しては，その妥当性について疑問を抱かざるを得ない。まずほとんどの開発実務において新製品の新規性が求められているという実態があり，それはもちろん，それが開発成果に結びつくと考えられているからである。また Im & Workman Jr.（2004）後においても，Goode et al.（2012），Mugge & Dahl（2013），Talke et al.（2009）など，新製品の新規性を重視し，テーマとした研究がなされてきている。これらのことから，新製品の創造性の評価として，新規性を取り上げることは，開発成果を踏まえても意義のあるものと考えられる。

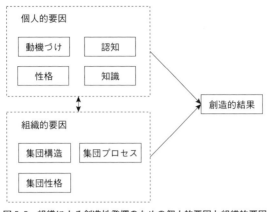

図5-5　組織による創造性発揮のための個人的要因と組織的要因

ージ）の活用は，個人的要因のうちの認知に関わるものである。また第Ⅱ部で
取り上げたビジョニングは，組織的要因のうちの集団プロセスに関わるもので
ある。

6　おわりに

　本章では，本書で取り上げた創造性のための認知の，開発組織による創造性
発揮の要因の中での位置づけを，関連する先行研究の知見をレビューすること
で確認した。第Ⅰ部で取り上げた，概念結合，アナロジ，心的イメージの活用
は，開発組織の創造性発揮に起因する個人的要因のうちの認知に関わるもので
ある。その認知は，同じ個人的要因のうちの知識，動機づけ，性格に影響を受
ける。第Ⅰ部に掲載した調査では，創造性のための概念結合，アナロジ，心的
イメージの活用は，（開発者への促進記述の提示により）促し得るものであること
が見出された。本章からの知見にもとづけばその創造的認知活用の促進は，ま
ず組織的要因のうちの集団プロセスによってなされ得るであろう。さらにそれ
らは，集団構造，集団性格によってもなされ得ることが考えられるが，その詳
細な検討は今後の課題である。

　また第Ⅱ部で取り上げたビジョニングは，開発組織の創造性発揮に起因する
組織的要因のうちの集団プロセスに関わるものである。その集団プロセスは，

集団に属する個人の動機づけ，知識，認知に影響を及ぼす。実際に第Ⅱ部に掲載した調査では，集団によるビジョニングによる，個人の認知プロセス，知識活用への影響を示した。その知見にもとづけば，集団プロセスであるビジョニングは，個人の創造性発揮の動機づけにもつながることが考えられるが，その詳細な検討は今後の課題である。

参 考 文 献

Amabile, T. M.（1983）*The Social Psychology of Creativity*, Springer-Verlag.

Amabile, T. M.（1988）"A Model of Creativity and Innovation in Organizations," *Research in Organizational Behavior*, 10, 123-167.

Amabile, T. M.（1993）"Motivational Synergy: Toward New Conceptualizations of Intrinsic and Extrinsic Motivation in the Workplace," *Human Resource Management Review*, 3, 185-201.

Amabile, T. M.（1996）*Creativity in Context: Update to the Social Psychology of Creativity*, Westview Press.

Andriopoulos, C.（2001）"Determinants of Organizational Creativity: A Literature Review," *Management Decision*, 39(10), 834-841.

Chan, J., & Schunn, C. D.（2015）"The Importance of Iteration in Creative Conceptual Combination," *Cognition*, 145, 104-115.

Csikszentmihalyi, M.（1996）*Creativity - Flow and the Psychology of Discovery and Invention*, HarperCollins.（浅川奇洋志（監訳）（2016）『クリエイティヴィティ―フロー体験と創造性の心理学』世界思想社.）

Dahl, D. W., Chattopadhyay, A., & Gorn, G. J.（1999）"The Use of Visual Mental Imagery in New Product Design," *Journal of Marketing Research*, 36, 18-28.

Dahl, D. W., & Moreau, P.（2002）"The Influence and Value of Analogical Thinking During New Product Ideation," *Journal of Marketing Research*, 39, 47-60.

Diehl, M., & Stroebe, W.（1987）"Productivity Loss in Brainstorming Groups: Toward the Solution of a Riddle," *Journal of Personality and Social Psychology*, 53(3), 497-509.

Finke, R. A., Ward, T. B., & Smith, S. M.（1992）*Creative Cognition: Theory, Research, and Applications*, The MIT Press.（小橋康章（訳）（1999）『創造的認知―実験で探るクリエイティブな発想のメカニズム』森北出版.）

Girotra, K., Terwiesch, C., & Ulrich, K. T.（2010）"Idea Generation and the Quality of the Best Idea," *Management Science*, 56(4), 591-605.

Goode, M. R., Dahl, D. W., & Moreau, C. P.（2012）"Innovation Aesthetics: The Relationship between Category Cues, Categorization Certainty, and Newness Perceptions," *Journal of Product Innovation Management*, 30(2), 192-208.

Guilford, J. P.（1959）"Three Faces of Intellect," *American Psychologist*, 14(8), 469-479.

Im, S., & Workman Jr., J. P.（2004）"Market Orientation, Creativity, and New Product Performance in High-Technology Firms," *Journal of Marketing*, 68, 114-132.

Klijin, M., & Tomic, W.（2010）"A Review of Creativity within Organizations from a Psychological Perspective," *Journal of Management Development*, 29(4), 322-343.

Lubart, T. I., & Sternberg, R. J.（1995）"An Investment Approach to Creativity: Theory and Data," In: Smith, S. M., Ward, T. B., & Finke, R. A.（Eds.）*The Creative Cognition Approach*, The MIT Press, 271-302.

Mugge, R., & Dahl, D. W.（2013）"Seeking the Ideal Level of Design Newness: Consumer Response to Radical and Incremental Product Design," *Journal of Product Innovation Management*, 30(S1), 34-47.

Nijstad, B. A., & Stroebe, W.（2006）"How the Group Affects the Mind: A Cognitive Model of Idea Generation in Groups," *Personality and Social Psychology Review*, 10(3), 186-213.

Osborn, A. F.（1953）*Applied Imagination*, Scribner.

Stam, D., Vet, A. d, Barkema, H. G., & De Dreu, C. K.（2013）"Suspending Group Debate and Developing Concepts," *Journal of Product Innovation Management*, 30(S1), 48-61.

Sternberg, R. J., & Lubart, T. I.（1991）"An Investment Theory of Creativity and Its Development," *Human Development*, 34(1), 1-31.

Sternberg, R. J., & Lubart, T. I.（1996）"Investing in Creativity," *American Psychologist*, 51(7), 677-688.

Spanjol, J., Qualls, W. J., & Rosa, J. A.（2011）"How Many and What Kind? The Role of Strategic Orientation in New Product Ideation," *Journal of Product Innovation Management*, 28, 236-250.

Torrance, E. P.（1962）*Guiding Creative Talent*, Prentice-Hall.

Talke, K., Salomo, S., Wieringa, J. E., & Lutz, A.（2009）"What about Design Newness? Investigating the Relevance of a Neglected Dimension of Product Innovativeness," *Journal of Product Innovation Management*, 26, 601-615.

Waterman, R. H., Thomas, J. P., & Phillips, J. R.（1980）"Structure Is Not Organization," *Business Horizons*, June 1980, 14-26.

Woodman, R. W., Sawyer, J. E., & Griffin, R. W.（1993）"Toward a Theory of Organizational Creativity," *Academy of Management Review*, 18(2), 293-321.

加藤昌治（2015）『発想法の使い方』日本経済新聞社.

川喜田二郎（2017）『発想法―創造性開発のために　改版』中央公論新社.

開本浩矢・和多田理恵（2012）『クリエイティビティ・マネジメント―創造性研究とその系譜』白桃書房.

無藤　隆・森　敏昭・池上和子・福丸由佳（2009）『よくわかる心理学』ミネルヴァ書房.

山岡俊樹（編著）（2022）『サービスデザインの発想法―アイデアをうみだす17のメソッド』オーム社.

第Ⅰ部

第Ⅱ部

第Ⅲ部

矢野経済研究所未来企画室（2018）『アイデア発想法16 —どんなとき，どの方法を使うか』CCC メディアハウス.

第6章

組織，集団における
多様性と創造性の関係

　本章では，多様性と創造性の関係に関する先行研究をレビューし，明らかになっていることならびに明らかになっていないことを整理する。

　グローバル化や労働力のデモグラフィックな変化に伴い，組織や集団の多様性に対する関心が強まっている。多様性の中でもとりわけ主要な研究関心の1つが多様性と創造性の関係である（例えば Shin et al. 2012）。組織のイノベーション創出や生き残りにとって，新規性と有意味性を兼ね備えたアイデアの創出，すなわち個人ならびに組織，集団としての創造性が不可欠であるとの認識が高まっているためである（Gong et al. 2009；Anderson et al. 2014；Zhou & Hoever 2014；佐藤ら 2020）。

　したがって本章では多様性と創造性の関係について先行研究をレビューする。まず第1節では創造性研究の概要を，第2節で多様性研究の概要をそれぞれ整理する。その後，第3節で多様性と創造性の関係に関する研究を概観し，最後に現時点での暫定的な結論と今後の研究課題を明らかにする。

　なお，本章における創造性とは，本書の中心的課題である個人から創出されたアイデアの新規性に絞るのではなく，より広義の内容を取り扱う。というのも，未だ多様性と創造性に関する研究においては十分な研究結果の統一が見られておらず，とりわけ創造性を創出されたアイデアの新規性に限定すると十分な先行研究の渉猟ができないためである。そこで，本章では，創造性研究の潮流に従い，創造性を，個人，集団，組織の3レベルで検討していることをまず明らかにする。ここで，組織とは企業レベルを指す。集団とは，研究によってグループ，集団，チーム，職場などと呼ばれているものであり，個人レベルと組織レベルの中間にあたるレベルにあたる。本章では読みやすさを考慮して，この個人レベルと組織レベルの中間レベルを集団と一括して称することとする。

■ 1-1　研究関心の変遷：個人特性から社会文化的アプローチへ

　創造性は，1950 年代に心理学の分野で本格的な研究が始まって以来，常に関心の高いテーマとなっている。創造性の捉え方というものは時代によって変遷しており（竹田 2023），その変遷を本項では概観する。

　1950 年代当初，創造性研究の中心的な研究課題は，創造的な成果を生み出す人とはどのような個人特性を持っているのかの解明であった。例えば知能といった個人特性が創造性と関係するであろうとの仮定から，さまざまな研究蓄積が進んだ（竹田 2023）。1970 年代以降は，創造的な人のパーソナリティ特性についての実証研究が盛んになった。例えば，最も著名なパーソナリティ測定尺度の 1 つであるビッグ・ファイブモデルの，開放性，勤勉性，外向性，協調性，神経症的傾向の 5 因子の中で最も創造性と相関しているのは，経験への開放性であることが報告されている（例えば McCrae 1987）。

　1990 年代になると，創造性を個人だけに還元するのではなく，社会的，文化的，組織的な関係性の中で捉えようとするアプローチが現れた。この社会文化的なコンテクストに着目した創造性研究の嚆矢は，Csikszentmihalyi である（竹田 2023）。Csikszentmihalyi は，「創造性とは人々の頭の中で生まれるものではなく，個人の思考と社会文化的な文脈の相互作用の中において生じるものである」(Csikszentmihalyi 1996；翻訳 2016：27) ことを見出した。

　組織における創造性研究の第一人者である Amabile によれば（高尾 2023），創造性とは，「斬新で適切なアイデアを生み出すこと」(Amabile 1997：40) と定義されている。そのアイデアは斬新，つまり新規性がなければならないことに加え，単なる奇抜なものであってはならず，提示された問題や機会に適したもの，即ち有意味性も持ち合わせなければならない（Amabile 1997）。このように創造性を新規性と有意味性の 2 側面で捉えることは，今日の社会文化的アプローチの標準になっている（Runco & Jaeger 2012；竹田 2023）。

　以上のように創造性研究は個人的アプローチから社会文化的アプローチへと研究関心が変遷してきた流れが存在する。これは ICT の発展などにより，各分野で創造的な行為が単独の優秀な個人のみで完結するものではなく，集団レベ

ルや組織レベルで求められるようになったことが背景にあると言えよう（竹田2023）。

■ 1-2　本章における創造性

　本章では，近年の潮流ならびに竹田（2023）にならい，創造性を個人レベルの特性や内的プロセスのみで捉えるのではなく，それら個人の特性や内的プロセスと社会文化的なコンテクストとの相互作用（Csikszentmihalyi 1996）と捉え，創造性の社会文化的アプローチを採用する。本章での創造性とは，主に企業で，新規性がありかつ有意味性があると評価される成果を指す。この成果には企業が市場に提供する製品やサービスの他，ビジネス手法や技術なども含まれ（竹田2023），本書で一貫して注目している創出されたアイデアの新規性も当然のことながら含まれている。つまり，本章における創造性とは，本書の他の章の個人レベルの創造性よりも広い概念と捉えておく[1]。

　企業において創造性を発揮する主体はもちろん個々の従業員であるが，例えば企業の新商品のアイデアがある優秀な個人1人のみによって生み出される例はあまりないであろう。集団や組織でのさまざまな相互作用が，創造性発揮に影響すると考えられる。そうであるとするならば，創造性の解明とは，組織レベルや集団レベルでも捉えることが欠かせない（竹田2023）。しかも，企業などの組織で創造性を発揮する従業員個人は，多くはその職務に合致した教育やトレーニングを受けているであろうが，すべての人たちが特別な個人特性や創造性を持っているとは考えにくい（竹田2023）。したがって特別な才能を持っているわけではない人々が，集団で個人成果の総和を超えた相乗効果を起こすことによって得られる創造性というものが，本章の基本的な研究関心である。この点において，本章が着目するもう1つの鍵概念である多様性が関連してこよう。創造性に影響を与える一要因として多様性が注目されており，集団で有効な相乗効果を起こすことが期待できるからである。

1）新商品アイデアのみに焦点を当てると，研究蓄積が十分ではなく本章の目的を達成できない恐れがある。そのため，本章においては，創造性を他の章よりも広く取ることとしている。

創造性に影響を及ぼすであろう多様性の議論に入る前に，組織，すなわち企業全体としての創造性に関する主要先行研究を本項で概観する。

イノベーションの重要性が高まり，組織における創造性への注目は増すばかりである。創造性研究は先に概観した通り，個人の創造性に注目した心理学的研究に原点を見ることができるが（例えば開本・和多田 2012），イノベーション研究が拡大するにつれ，「創造性研究はその一翼を担うものと位置付けられる形で発展を遂げてきた」（高尾 2023：22）。

組織における創造性研究は近年著しい発展を遂げており（高尾 2023），レビュー論文として最も著名なものの1つである Anderson et al.（2014）は，創造性-イノベーション研究に対して重要な影響をもたらした6つの理論的研究を特定し紹介している。本稿ではこの6つの研究のうち，特に重要な2つのモデルを紹介する。ただし，前章でモデルの解説は既に行われているため，ここでは本章の問題関心に関する点のみを以下に取り上げる[2]。

組織における創造性研究の第一人者である Amabile は，個人と組織の創造性を結びつけた「組織イノベーションの要素構成モデル」（図6-1）を提示しており（Amabile 1988），組織の創造性に関する最も著名なモデルの1つである（高尾 2023）。

このモデルは，図6-1のように，組織の創造性に関わる上段と，個人の創造性に関する下段に分かれており，されにそれらはそれぞれ2つに分割されている。まず下段の個人レベルでは，個人の創造性をもたらすプロセスと各プロセスへの影響要因が示されている。上部の組織レベルも個人レベルと同様に，創造性をもたらすプロセスと各プロセスへの影響要因から構成されている。さら

---

2) 他の4つの理論研究の概要は以下のとおり。Ford（1996）は，創造的行動と習慣的行動を対置した特徴のある研究である。Zhou（2006）は，西洋対東洋という文化が創造性に及ぼす影響を検討している。West（1990）は，集団のイノベーションを促進する風土要因として，ビジョン，参加型安全性，卓越性を求める風土，イノベーションへの支援を挙げ，それらとイノベーションの質と量の向上に関するモデルを提示した。Bledow et al.（2009a；2009b）は，イノベーションの創出には，個人，集団，組織の各レベルで相反する要求を管理するための組織の両利き性を提唱している。

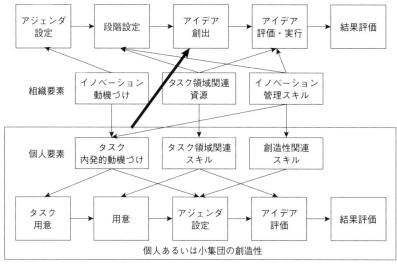

図 6-1　組織イノベーションの要素構成モデル（再掲）

に，上部の組織レベルの創造性に関わる部分と，下部の個人の創造性に関わる
部分には関係があり，2種類の矢印で接続されている。1つは太線で下部から
上部に示されているもので，個人レベルの創造性発揮全体が組織レベルのアイ
デア創出につながっているという太い関係である。もう1つは組織要素（「イノ
ベーション動機づけ」「タスク領域関連資源」ならびに「イノベーション管理スキル」）が，
それぞれ個人要素である各影響要因へ影響を与えるというものである。

　Amabile のこのモデルは，個人レベルの創造性発揮を規定する要因とプロセ
スを挙げ，それらに影響を与える組織レベルの変数を取り上げるという構図を
示しており，「それ以降の組織における創造性研究の重要な枠組みとなった」
（高尾 2023：27）と言われている。

　次に，図 6-2 に示されている Woodman et al.（1993）の組織創造性の相互関
係モデルは，集団レベルを個人レベルと組織レベルの間に追加した点に
Amabile のモデルとの違いを見ることができる。この集団レベルを個人レベル
と組織レベルの中間に置くことにより，以下の2点を検討することが可能とな
った。1つ目は，個人の認知や性格，知識，内発的動機づけといった個人的要
因と組織的要因だけではなく，集団レベルの構造，性格，プロセスや構造の下

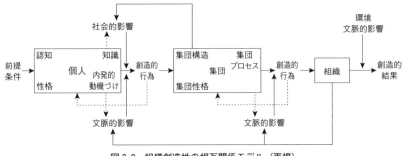

図 6-2　組織創造性の相互関係モデル（再掲）

位次元として後に詳細に議論する集団メンバーの多様性などといった社会的影響が，創造性に影響を与える点に注目できるということである。もう1点は，単なる個人の創造性の総和とは異なるものとして集団レベルの創造性を仮設し，その集団レベルの創造性も集団レベルの諸特徴や組織的要因に影響を受けつつ，組織レベルの創造性に影響を及ぼすとみることができる点にある（高尾 2023）。

　Woodman et al.（1993）のモデルのように，組織レベルと個人レベルの中間に集団レベルを置いて3つのレベルで創造性を検討するという枠組みはその後定着しており（高尾 2023），Amabile のモデルとともに重要なモデルである。

　以上の2つの主要なモデルから，組織レベルと個人レベルの創造性の間には相互作用がみられること（Amabile 1988），集団レベルに着目することに加え，個人レベル，集団レベル，組織レベルのそれぞれの創造性が相互に影響を及ぼしていることが注目されるに至った（Woodman et al. 1993）。ここで集団レベル要因の1つと考えられるメンバーの多様性について議論を進めていきたいが，多様性研究は創造性研究とは異なる研究領域である。したがって次節では創造性から一旦離れて，多様性研究をまず概観する。多様性研究を概観していく中で本章が関心を持つ創造性に関する議論に触れながら，後に改めて創造性と多様性の関係を検討することにする。

2　多様性研究の概要

■ 2-1　ダイバーシティ（多様性）

1）ダイバーシティ（多様性）とは

ダイバーシティとは本来，組織や集団に属する組織成員 1 人ひとりが，それぞれ違っていることである（例えば Milliken & Martins 1996）。しかし，何をダイバーシティと定義するかは，何の違いに関心を向けるかによって異なる（谷口 2005；Roberson 2006；Qin et al. 2014）。例えば，性別や人種等のデモグラフィックな違いに焦点を当てる場合や，「人が他人と違うと認識することすべてをダイバーシティとして捉えるもの」もあり（船越 2021：11），何を基点に置くかにより，何をダイバーシティと捉えるのかはさまざまである。

2）ダイバーシティ概念の変遷

経営学においてダイバーシティ概念が現れたのは，1960 年代の米国だと考えられる（谷口 2005；2008；船越 2021）。当時，企業において有色人種や女性は差別を受け社会問題となっていた。したがって1960 年代から 1970 年代のダイバーシティ課題とは，性別，人種等のデモグラフィックな違いに起因する差別是正や，アファーマティブ・アクションに関するものが中心であり（Qin et al. 2014），差別というネガティブな現実を無くそうという機運がポイントであったと言えよう（船越 2021）。1980 年代半ば以降になると，組織内に増えてきた多様な人材をどうマネジメントすべきなのか，多様性がもたらす効果とは一体何なのかに注目が集まり始めた（Kelly & Dobbin 1998）。つまり，ダイバーシティはより高い成果を生み出すものであるとのポジティブな面から注目するよう変化していったのである。

3）3 種類のダイバーシティ

先述の通り，広義のダイバーシティとは，個人の違いすべてを指すが（例えば Milliken & Martins 1996），すべての人のすべての違いを考慮してマネジメントを行うことは現実的ではない（船越 2021）。そこで，人材多様性のうち，どの違いをマネジメント対象とするのかを決める必要がある（谷口 2005）[3]。

ダイバーシティの分類として代表的なものに，表層的ダイバーシティ（surface-level diversity），深層的ダイバーシティ（deep-level diversity），文化的ダイバーシティ（cultural diversity）の3つに分類することが挙げられる（谷口2005；船越 2021）[4]。

　1つ目の，表層的ダイバーシティとは可視的で，代表的なものとして，性別，人種，国籍，年齢などの違いがあげられる（Harrison et al. 2002；Milliken & Martins 1996；Pelled 1996）。2つ目は不可視的なものである深層的なダイバーシティで，外部からは識別しにくいものである。深層的ダイバーシティには，パーソナリティ，価値，態度，嗜好，信条などの心理的な特性（谷口 2005）や，その集団での勤続年数，生い立ちなどが挙げられる（Harrison et al. 1998；Harrison et al. 2002；Roberson 2006；Tsui et al. 1992）。3つ目は，文化的ダイバーシティ（Cox & Blake 1991）で，人種，民族的帰属意識，性別，性的アイデンティティ，社会的地位，国籍など，社会文化的に区分できるものすべてをダイバーシティとするものである（Cox 1993；Ely & Thomas 2001）。この文化的ダイバーシティには，肌の色，性別，服装といった可視的なものも多いが，不可視的な性的アイデンティティなどの場合もある（船越 2021）。つまり，文化的ダイバーシティか否かは，可視的か不可視的といった区分ではなく，本人が他人とどの程度区別されたいと考えているかにもよるとされている（Ely & Thomas 2001）。

　日本企業におけるダイバーシティ・マネジメントの実践は，この3分類の中の1つ目である表層的ダイバーシティに分類される女性や外国人を対象としていることが多い。女性や外国人，または高齢者などダイバーシティ人材に対する人事制度や福祉制度の充実や採用強化など，ポジティブ・アクションを中心に進められている場合が多いと言えよう。それにも関わらず，それら施策による効果は実感されているとは言い難い（闍 2022）。単に表層的な違いに注目し，表層的なダイバーシティに対する施策のみを展開するだけでは，企業が期待す

3）ダイバーシティをマネジメントしようとする際に必要となる考え方であり，このマネジメントの成否が，創造性などの組織成果に繋がると仮定されるようになった。
4）その他の分類として，デモグラフィックス・ダイバーシティと機能的ダイバーシティが挙げられる。この分類については，コラム⑤参照。

る効果を得られない可能性を示唆していると考えられる（船越 2021）。

4）ダイバーシティに期待される効果

　集団や組織に人材のダイバーシティが存在することで得られる成果について，これまで多くの先行研究で論じられている。最も著名な研究の 1 つである Cox & Blake（1991）によれば，ダイバーシティとダイバーシティ・マネジメントが組織成果，すなわちいかなる競争優位に繋がるのかについて，①コスト削減，②人的資源獲得，③マーケティング，④創造性，⑤問題解決，⑥システム柔軟性の 6 点を挙げている（Cox & Blake 1991）。このうち，本稿の問題関心である④創造性については，集団や組織内のダイバーシティがさまざまな視点や意見を生み出すことを通して，新しいアイデアの創出に繋がるという説明がなされている。加えて，これらの成果は，集団や組織が積極的にダイバーシティに価値があり，ダイバーシティを活かそうとしなければ生まれないとも指摘している（Cox & Blake 1991）。つまり，集団や組織にダイバーシティが存在するだけでは十分でなく，集団や組織がダイバーシティに対して何らかの影響を与えなければ成果には繋がらないことを示唆していると言えよう。

5）ダイバーシティが集団に与える影響

　ここでは，ダイバーシティと成果に関する理論モデルとして著名な Williams & O'Reilly（1998）の統合モデルを取り上げる。このモデルは，集団内のダイバーシティが高まるといかなるプロセスを経て集団成果に影響を与えるのかを説明する包括的な理論モデルである。

　図 6-3 の通り，ダイバーシティ（集団のデモグラフィック多様性）と集団成果の関係を説明する理論として，3 つの理論が挙げられている。1 つ目は，ダイバーシティのある集団はより多様な情報ネットワークを外部に持つことができるため，得られた情報は多様となり，集団内の問題解決や創造性に有効と説明される「情報・意思決定理論」である。2 つ目は「ソーシャル・カテゴリー理論」である。人は概して年齢・性別・所属する集団や組織などの目立った特徴を用いて，自己および他者を社会的に分類する。加えて，自身が属するグループをより魅力的なものとみなし，他グループを魅力のないグループと区別しようと

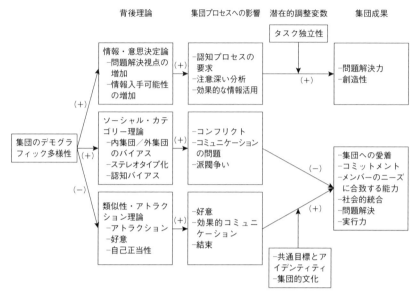

背後理論　　　　　集団プロセスへの影響　潜在的調整変数　　集団成果

図6-3　集団のデモグラフィック多様性が集団プロセスと成果に与える影響の統合モデル
（Williams & O'Reilly（1998：89）より筆者作成）

する。その結果内集団，外集団が形成され，対立が発生し，ダイバーシティが
集団成果にネガティブな影響を及ぼす結果となる。3つ目が「類似性・アトラ
クション理論」である。いわゆる「似た者同士」はお互いに好意的で惹きつけ
合う。一方で，異なる者とはコミュニケーションの減少や食い違いなどが起こ
ってしまう。したがって，組織としての共通目標とアイデンティティを示し，
共通の集団的文化を育み類似性を生み出すことが必要だと指摘されている。
　「ソーシャル・カテゴリー理論」と「類似性・アトラクション理論」は，ダイ
バーシティと成果との関係はネガティブな主張であり，均質性の高い方が良い
成果に繋がるとされている[5]。一方で「情報・意思決定理論」ではダイバーシ
ティと成果との関係はポジティブである。かつ得られる成果として挙げられて

5）既に触れた通り，類似性・アトラクション理論では組織の共通目標とアイデンティテ
　ィ，組織文化を育むなどの調整によって，均質性を高める。つまり多様性を低める施
　策により，組織にポジティブな成果を生むとされる。

いるのが「ソーシャル・カテゴリー理論」と「類似性・アトラクション理論」は組織に対するコミットメントや社会的調和などに対し，「情報・意思決定理論」では創造性や問題解決能力である。つまり，本稿の関心事である創造性のためのダイバーシティのあり方とは，「情報・意思決定理論」に基づき，外部との知識ネットワーク多様性を確保することにあると示唆されているといえよう。

6) インクルージョン概念に対する注目：多文化的アプローチ

ダイバーシティ研究において「情報・意思決定理論」,「ソーシャル・カテゴリー理論」,「類似性・アトラクション理論」の３つの理論は，ダイバーシティの効果を説明する理論的根拠として広く援用されてきた。しかし，ダイバーシティと集団や組織への効果に関する実証研究は，さまざまな結果を示して一貫した結果を示しておらず（Gonzalez & Denisi 2009；Milliken & Martins, 1996；Joshi & Roh 2009；Horwitz & Horwitz 2007；Jackson et al. 2003；Van Knippenberg & Schippers 2007），創造性への影響に関しても同様に指摘されている（Shin et al. 2012；佐藤ら 2020）。そこで，ダイバーシティのポジティブな効果を促進するプロセスやメカニズム，文脈的要因の特定に関する議論が盛んになり（Gonzalez & Denisi 2009；Homan et al. 2008；Joshi & Roh 2009），この流れの中で，ダイバーシティのポジティブな効果を促進する要因として，インクルージョン概念が注目されるようになった（Gonzalez & Denisi 2009；Shore et al. 2011；船越 2021）。

このインクルージョン概念に深く関連するのが，多文化組織（multi-cultural organization）である（Cox 1991）。Cox（1991）は，集団や組織のダイバーシティをポジティブな成果に導くには，多様な人々の融和が促され，差別や偏見がなく互いのアイデンティティを尊重し合う組織，すなわち多文化組織を作る必要があると主張した（Cox 1991）。単に多くの異なる文化集団を含むだけではなく，組織が多様性を重視する場合にのみ多文化的であると考えられると論じたのである。つまり，多様性があることと，多様性を重視することとは異なるのである。

その上で，多文化組織の特徴は，①多文化主義，②多文化の完全な構造的統合，③非公式ネットワークの完全な統合，④偏見や差別の不在，⑤マジョリテ

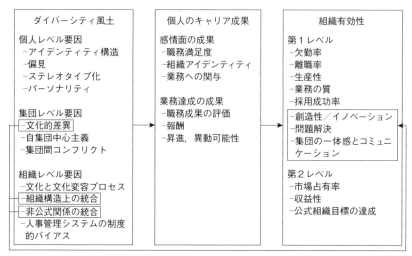

ダイバーシティ風土	個人のキャリア成果	組織有効性
個人レベル要因 －アイデンティティ構造 －偏見 －ステレオタイプ化 －パーソナリティ 集団レベル要因 －文化的差異 －自集団中心主義 －集団間コンフリクト 組織レベル要因 －文化と文化変容プロセス －組織構造上の統合 －非公式関係の統合 －人事管理システムの制度 　的バイアス	感情面の成果 －職務満足度 －組織アイデンティティ －業務への関与 業務達成の成果 －職務成果の評価 －報酬 －昇進，異動可能性	第1レベル －欠勤率 －離職率 －生産性 －業務の質 －採用成功率 －創造性／イノベーション －問題解決 －集団の一体感とコミュニ 　ケーション 第2レベル －市場占有率 －収益性 －公式組織目標の達成

図6-4　ダイバーシティが個人のキャリア成果と組織有効性に影響を及ぼす相互作用モデル

(Cox〔1993：7〕より筆者作成)

ィ集団とマイノリティ集団の間に組織アイデンティティの差がないこと，⑥集団間対立のレベルが低いこと，の6つがあるとしている（Cox 1991）。ちなみにCox のいうダイバーシティとは，先述の3つの分類に当てはめるとすると，表層的ダイバーシティや深層的ダイバーシティではなく，文化的ダイバーシティを指すと言えよう。

　この多文化組織に関する統合フレームワークとして，文化的ダイバーシティが個人のキャリア成果と組織有効性に与える影響の相互モデルがある（図6-4）（Cox 1993）。このモデルでは，個人，集団，組織の3レベルでのダイバーシティを受容する風土が，個人のキャリア成果と組織有効性に影響すると指摘している（Cox 1993）。

　このモデルから，本稿の関心事である創造性には3つのダイバーシティ風土に関する要素が主な先行要因として挙げられていることが見て取れる。その3つとは，集団レベルの要因のひとつである文化的差異と，組織レベル要因である組織構造上の統合，ならびに非公式な関係性の統合である。まず集団レベルでは文化的差異，すなわち文化的ダイバーシティが存在することがあげられる。加えてその集団レベルでの文化的差異を，組織レベルにおいて公式的な組織構

造のみならず，非公式的な関係さえも統合することによって創造性に影響を与えるというわけである。すなわち，集団レベルでは多様性があり，組織レベルでその多様性を統合するメカニズムが必要であるということである。やはり，ダイバーシティが存在するというだけでは不十分であり，組織的に何かしらの影響をダイバーシティに対して与えることが，ダイバーシティが創造性という成果につながるには必須であると，このモデルでも示唆していると言えよう。

　多文化組織とその実現方法，すなわち多文化アプローチについての関心が高まる中で，多様な1人ひとりが集団や組織に受容されているとの認識を示す，インクルージョン（inclusion）の概念に注目が高まることとなった（船越2021）。すなわち，インクルージョンがダイバーシティ・マネジメントの有効性に影響を与えるものとして注目されてきたのである（Roberson 2006；Shore et al. 2011）。

■ 2-2　インクルージョン

1）インクルージョンの定義

　インクルージョンという概念は，まず社会学において注目された。社会的弱者，例えば単身高齢男性，育児中の母親，若い非正規労働者といった人々の支援が社会的に必要となり，ソーシャルインクルージョン（社会的包摂）の概念が重要視された（藤本2010）。そこから派生し経営学において1990年代以降，ダイバーシティ・マネジメントが組織成果に与える要因の1つとして，インクルージョン概念に注目が寄せられるようになった（船越2021）。

　既に述べた通り，ダイバーシティ概念はまずマイノリティ人材に対するアファーマティブ・アクションといった，社会的に差別や偏見を受ける属性の人材をいかに受け入れるのかが端緒となって注目された。その後徐々にダイバーシティは企業競争力にいかに貢献するのかを明らかにしようとする試みに実践，研究とも変化してきたものの，それは主に表層的なデモグラフィック型のダイバーシティが焦点のままであった。このような流れの中，文化的ダイバーシティ（Cox & Blake 1991）の考え方が提唱された。文化的ダイバーシティの考え方では，個人らしさを認め尊重し合う多文化組織が志向され，その中でインクルージョン概念が導入，検討されることになった（船越2021）。

　しかしながら，インクルージョンは「まだ一般化された定義があるわけでは

	低帰属意識	高帰属意識
自分らしさは 低価値	Exclusion 排除 内部者である他者や他の集団が存在しており，価値ある内部者と認識されない	Assimilation 同化 組織的／支配的な文化的規範に従い自分らしさを軽視する場合，集団の内部者として扱われる
自分らしさは 高価値	Differentiation 差別化 集団の中で内部者としては扱われないが，その人の自分らしさが集団／組織の成功のために価値があり必要であるとみなされる	Inclusion 包摂 個人は内部者として扱われ，集団内で自分らしさを保持することが奨励される。

図 6-5　インクルージョン・フレームワーク

（Shore et al.（2011：1266）より筆者作成）

ない」（船越 2021：33）。ここでは，代表的なインクルージョンの定義として，Shore et al.（2011）を挙げておこう。彼女らは最適弁別性理論（Brewer 1991）に依拠し，インクルージョンには集団への帰属感（図の横軸）と集団での自分らしさ（図の縦軸）の双方が不可欠であるとした（図6-5）。したがってインクルージョンとは「従業員が帰属意識と自分らしさへの欲求を満たす待遇を経験することで，自分が尊敬される集団の一員であると認識する度合い」（Shore et al. 2011：1265）であると定義している。

2）ダイバーシティとインクルージョンの関係

ここで，ダイバーシティとインクルージョンの関係を整理しておこう。

ダイバーシティとは，どの違いをマネジメント対象とするのかを決める必要がある（谷口 2005）との指摘があるように，具体的には，何らかのマイノリティ集団へのマネジメントの必要性が発想の原点にあった。しかしながら，ダイバーシティ研究が進むにつれ，多文化ダイバーシティの考え方が現れ，徐々に個々人に焦点が当たり，インクルージョンに着目することになった。定義から明らかなとおり，インクルージョンとは個人1人ひとりの認識の度合いである（Shore et al. 2011）点に，ダイバーシティとの根本的な違いを見ることができる。

表層的なダイバーシティの高低にかかわらず，個々人の自分らしさや帰属意

識の認識度合いはそれぞれ各自で異なるであろう。つまり，ダイバーシティとインクルージョンとでは，注目する対象がグループ（ダイバーシティ）なのか個人（インクルージョン）のかという点に大きな違いがあると考えられる。過去には組織や集団単位で均一にマネジメントすることが前提とされていたものが，近年では個々人のキャリア意識の高まりを受けてそれぞれ個別のマネジメントをするよう転換が求められている。インクルージョンに関心が向けられるようになっているのは，この転換の 1 つの具体的な考え方として見ることもできるのではなかろうか。

3）これまでのインクルージョン研究で明らかにされてきたこと

Shore et al.（2011）で示された，インクルージョンの 2 軸である集団への帰属意識と集団での自分らしさは，トレードオフの関係ではなく，ある状況下では両立可能であると考えられ（船越 2021），これらがいかに促進されるのかについての研究が見られるようになった。これらの先行研究を網羅的にレビューした船越（2021）によると，個人のインクルージョン認識の促進要因は，①意思決定への参画，②情報へのアクセス，③公正性の担保，④ダイバーシティを是とする風土や組織文化，⑤上司や周囲との親密さ，⑥スティグマが影響を及ぼさない，の 6 つに整理することができるとしている（船越 2021）。

さらに，彼女はこれら要因の推進について，以下の 3 点を重要ポイントとして整理している。1 つ目は，これら 6 つの促進要因は，相互に影響し合う複合的な要素であること，2 つ目に，これら促進要因は組織全体でのインクルージョン実現のために集団レベルと組織レベルの双方で展開されなくてはならないこと，3 つ目に，これらは単にそれらが存在すれば良いというものではなく，それら促進要因に至るまでのプロセスに着目する必要性を挙げている（船越 2021）。

4）インクルージョンにより得られる期待成果

ダイバーシティを組織成果に繋げる要因として，インクルージョン概念の有効性が近年，活発に議論されるようになってきた（船越 2021）。この点についてShore et al.（2011）は，インクルージョン認識を促進する文脈的先行要因と成

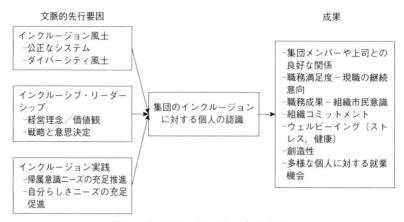

文脈的先行要因

インクルージョン風土
　−公正なシステム
　−ダイバーシティ風土

インクルーシブ・リーダー
シップ
　−経営理念／価値観
　−戦略と意思決定

インクルージョン実践
　−帰属意識ニーズの充足推進
　−自分らしさニーズの充足
　　促進

集団のインクルージョン
に対する個人の認識

成果

−集団メンバーや上司との
　良好な関係
−職務満足度−現職の継続
　意向
−職務成果−組織市民意識
−組織コミットメント
−ウェルビーイング（スト
　レス，健康）
−創造性
−多様な個人に対する就業
　機会

図6-6　先行要因とインクルージョンの成果
（Shore et al.（2011：1276）より筆者作成）

果を，図6-6のように示している。すなわち，集団での従業員のインクルージョン認識を高めうる先行要因が組織レベルで3つあり，それら先行要因によって個人のインクルージョン認識が高まり，その結果さまざまな成果につながると期待できるのである（Shore et al. 2011）。

　インクルージョン認識を促進する3つの文脈的先行要因のうち，1つ目のインクルージョン風土については，のちにわが国の実証研究を具体的に概観する。2つ目のインクルーシブ・リーダーシップについては，コラム④で別途取り上げる。最後のインクルージョン実践については，まだ十分な研究蓄積が見られない（Shore et al. 2018）。期待される成果に目を向けると，インクルージョン認識が高まることによる成果の1つに創造性が仮定されており，特に創造性に焦点を当てた今後の研究蓄積が望まれる。

■ 2-3　わが国におけるインクルージョン研究

　わが国における代表的なインクルージョン研究の1つである船越（2021）は，「日本企業において，社員のインクルージョン認識の高まりはどのような効果をもたらすのか」という問いを設定し，日本企業2社へのインタビュー調査を実施した。その結果，インクルージョン認識が高まることにより，従業員同士の相互信頼が高まり，互恵性が生み出される。この相互信頼と互恵性は，社員

個人の自発的な貢献行動を促す。それら個々の従業員の貢献行動は，相互の発言量増加に伴い，アイデアが創出されやすくなりイノベーションに繋がるとしている（船越 2021）。このように，インクルージョン認識の高まりが組織の創造性に影響する可能性が示唆されるメカニズムを示した（船越 2021）。

　船越（2021）のこの研究結果からも，インクルージョンや多様性は創造性に直接には繋がらないことを見てとることができ，他の先行研究と整合的である。すなわち，一連の多様性研究からは，多様性が創造性には直接繋がらないということが，現時点で言えることであろう。では直接繋がらない多様性と創造性の間を繋ぐ組織的影響とは何なのか。すなわち，多様性と創造性の間の媒介変数とは一体何なのであろうか。次節ではこの問いに答えようとするわが国の研究を概観し，多様性と創造性の関係を確認していこう。

3　多様性と創造性の関係

　多様性と創造性の関係に関するわが国の代表的な実証研究を本節では紹介しよう。インクルージョン風土と個人の創造性に関する定量的研究（佐藤ら 2020），多様性と集団の創造性に関する定量研究（竹田 2022；2023），ならびに多様性と集団の創造性を高めるための工夫に関する研究（竹田 2023）である。

■ 3-1　インクルージョン風土と個人の創造性に関する定量的研究（佐藤ら 2020）

　佐藤ら（2020）は，先に触れたインクルージョン風土を取り上げて，従業員個人の創造性に与える影響，ならびにインクルージョン風土が個人の創造性に影響を与えるメカニズムとして組織的支援に注目しその媒介効果の2点を検討している（佐藤ら 2020）。インクルージョン風土とは，①公正に実施される雇用慣行，②差異の統合，③意思決定へのインクルージョンの3次元によって構成されている（Nishii 2013）。つまり，インクルージョン風土とは，集団が従業員はどの程度公正に扱われており，個々の違いや意見が尊重され，集団の意思決定に積極的に関わっているかについての，従業員個々人の認識である。

　多様性に対して何らかの組織的な影響が創造性のために必要であることが先

行研究から明らかになっていたが，この点について佐藤ら（2020）は，組織的支援に注目した。組織的支援とは，「組織が従業員の貢献をどの程度評価し，従業員のウェルビーイングをどの程度配慮しているかに関する従業員の全般的な信念」（Eisenberger & Stinglhamber 2011：26）と定義されており，「CI（インクルージョン風土）と個人の創造性の関係を説明する理論的基礎となり得るもの」（佐藤ら 2020：17）だとして取り上げている。

　従業員1000人以上の日本企業に勤務する正社員を対象にした質問票調査を実施したところ，まず1点目のインクルージョン風土が個人の創造性に与える影響については，有意な正の影響を示した。つまり，インクルージョン風土，すなわち集団の中で従業員は公正に扱われている，個々の違いや意見を尊重されている，積極的に集団の意思決定に関わっていると従業員に信じられていると，新規性と有意味性を兼ね備えたアイデアの創出が促進されるということである。次に，インクルージョン風土が創造性に影響を与えるメカニズムとして組織的支援の媒介効果を検討したところ，この結果も正の影響を示した。つまり，インクルージョン風土により，組織から肯定的な扱いを受けているとの認識が従業員に形成され，その結果貢献しようと努力することで個人の創造性発揮が促されるというメカニズムが明らかになった（佐藤ら 2020）。

■ 3-2　多様性と集団の創造性に関する定量的研究（竹田 2022; 2023）

　竹田（2022；2023）は，新規事業開発，事業・商品・サービス企画（ビジネス企画）に関するプロジェクトに3人以上のチームで取り組んだ経験のある企業勤務者（n = 400）に質問票調査を実施し，集団の多元的視点取得と多様性が創造性[6]に与える影響について検証した（竹田 2022；2023）。

　多元的視点取得とは，「様々なステークホルダーの立場で世界をイメージする視点取得の多様性の程度」（竹田 2023：10）であり，具体的には，ユーザー・顧客，集団内の他メンバー，自分（個人的視点），上司・上層部，集団外の社内の人，取引先等社外関係者，世の中の人といった様々なステークホルダーが「どう感じるだろうと考える」程度である（竹田 2023：29）。つまり，この多元的

---

6) 本章における創造性は，竹田（2023）においては「創造的成果」としている。

視点取得という媒介変数を通して，多様性と創造性の関係について明らかにしようとしたものである。

　検証の結果，新規事業開発やビジネス企画における多様性と創造性の間には「集団メンバーの多様性→接触相手多様性→多元的視点取得→創造性」というメカニズムの存在が明らかになった。集団メンバーの多様性は，接触相手，すなわち集団外の情報ネットワークの多様性を高め，この接触相手の多様性を介して，集団レベルでの多元的視点取得がより高まる。その結果，集団の創造性が向上するということである。このように多元的視点取得という媒介変数を明らかにしたことにより，メンバーの多様性があるとしても，「外部の接触相手の多様性を高めて多元的視点取得の状態にならなければ」（竹田 2023：37）創造性は上がらないという見解を示している（竹田 2023）。

■ 3-3　多様性が集団の創造性に影響を与える工夫に関する研究（竹田 2023）：多元的視点取得を高める工夫

　多様性が創造性に影響を与えるという直接的な関係は見られず，多様性が多元的視点取得に繋がるように工夫することが必要であることが，竹田（2022：2023）から明らかになった。では，多様性が多元的視点取得に繋がるように工夫するというその工夫とは具体的にどのようなものであろうか。この工夫を検討したのが竹田（2023）であり，集団内のコミュニケーションにおける表現方法の多様性，即ちマルチモダリティとナラティブ・モードを駆使することの可能性を指摘している（竹田 2023）。

　マルチモダリティとは「様々な感覚に訴える表現を重層的に利用すること」（竹田 2023：93），つまり表現方法の多様性である。具体例として「付箋やホワイトボードに書いた言葉，スケッチ，模型，ストーリーボード，映像など」（竹田 2023：94）をあげている。マルチモダリティが高まるほど，表現に媒介された3層の相互作用のいずれにおいても，多元的視点取得に繋がる相互作用が起きやすくなると考えられるのである。ここで，3層の相互作用とは，個人の内的イメージと表現物の間の内的な相互作用（第1層），表現物に媒介された集団メンバー間の相互作用（第2層），集団メンバーと集団外部のステークホルダーとの相互作用（第3層）である（図6-7）。これらの相互作用が，多元的視点取得

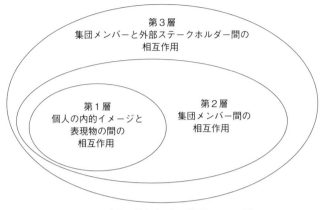

図6-7　表現が媒介する相互作用の3つの層
（竹田（2023：95）を加筆修正）

を高めるのである（竹田 2023：94）。

　一方のナラティブ・モードとは，「物語ること」である（竹田 2023：93）。具体的には，ストーリーボード，寸劇，映像作品などを用いて，ナラティブ表現を多用することである。「ナラティブ表現を聞く人，見る人は，語り手や登場人物の視点を取得」（竹田 2023：106）する。また，われわれが日常会話の中でも行っている自他の体験の語り（体験想起）も，相互作用においてナラティブ・モードを喚起する（竹田 2023：120）。ナラティブ・モードにより，物語の登場人物の視点を取得することを通して選択肢を拡大するアイデア探索機能，取得した視点を深めて集団に定着させるアイデア伝達，解釈共有，細部イメージ機能，またある事象を別視点から再解釈して事後的に意味づけを変化させるといった創造性の「核心に位置付けられるプロセス」（竹田 2023：120-121）が喚起されるのである（竹田 2023）。

4　知　見

　本章では，多様性と創造性の関係に関する先行研究を狩猟し，明らかになっていることならびに明らかになっていないことを整理した。明らかになったことは，以下の通り整理することができる。

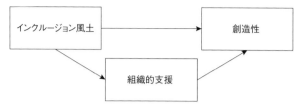

図 6-8　インクルージョン風土，組織的支援ならびに個人の創造性に関する分析結果

図 6-9　集団メンバーの多様性と集団の創造性に関する分析結果

　多様性と創造性の関係に関するわが国の代表的な実証研究を確認したところ，以下の点が確認された。1 つ目には，インクルージョン風土が従業員に知覚されると，創造性が高まること，ならびにインクルージョン風土が創造性に影響を与えるメカニズムとして組織的支援の媒介効果が存在することである（図6-8）（佐藤ら 2020）。

　次に，多様性と創造性には「集団メンバーの多様性→接触相手多様性→多元的視点取得→創造性」というメカニズムの存在すること（竹田 2022：2023），加えて，多様性が多元的視点取得に繋がるように工夫する必要があり，その工夫とは具体的に集団内のコミュニケーションにおける表現方法の多様性，即ちマルチモダリティとナラティブ・モードを駆使することが有効である可能性が示された（図6-9）（竹田 2023）。

　しかしながら，多様性と創造性の関係に関する実証研究の蓄積はまだ十分とは言えず，更なる研究蓄積が望まれる。とりわけ，本書が注目する創出されたアイデアの新規性に対して集団の多様性が与える影響については，今後さらに追求していくべき研究テーマであると言えよう。

参 考 文 献

Amabile, T. M.（1988）"A Model of Creativity and Innovation in Organizations," *Research in Organizational behavior,* 10, 123-167.

Amabile, T. M. (1997) "Motivating Creativity in Organizations: On Doing What You Love and Loving What You Do," *California Management Review*, 40(1), 39-58.

Amabile, T. M., & Pratt, M. G. (2016) "The Dynamic Componential Model of Creativity and Innovation in Organizations: Making Process, Making Meaning," *Research in Organizational Behavior*, 36, 157-183.

Anderson, N., Potočnik, K., & Zhou, J. (2014) "Innovation and Creativity in Organizations: A State-of-the-science Review, Prospective Commentary, and Guiding Framework," *Journal of Management*, 40(5), 1297-1333.

Bledow, R., Frese, M., Anderson, N., Erez, M., & Farr, J. (2009a) "A Dialectic Perspective on Innovation: Conflicting Demands, Multiple Pathways, and Ambidexterity," *Industrial and Organizational Psychology: Perspectives on Science and Practice*, 2, 305-337.

Bledow, R., Frese, M., Anderson, N., Erez, M., & Farr, J. (2009b) "Extending and Refining the Dialectic Perspective on Innovation: There Is Nothing as Practical as a Good Theory: Nothing as Theoretical as a Good Practice," *Industrial and Organizational Psychology: Perspectives on Science and Practice*, 2, 363-373.

Brewer, M. B. (1991) "The Social Self: On Being the Same and Different at the Same Time," *Personality and Social Psychology Bulletin*, 17(5), 475-482.

Carmeli, A., Reiter-Palmon, R., & Ziv, E. (2010) "Inclusive Leadership and Employee Involvement in Creative Tasks in the Workplace: The Mediating Role of Psychological Safety," *Creativity Research Journal* 22(3), 250-260.

Choi, S. B., Tran, T. B. H., & Park, B. I. (2015) "Inclusive Leadership and Work Engagement: Mediating Roles of Affective Organizational Commitment and Creativity," *Social Behavior and Personality*, 43(6), 931-944.

Cox, T. H. (1991) "The Multicultural Organization," *Academy of Management Review*, 35(4), 516-538.

Cox, T. H. (1993) *Cultural Diversity in Organizations: Theory Research and Practice*, Berrett-Koehler Publishers.

Cox, T. H., & Blake, S. (1991) "Managing Cultural Diversity: Implications for Organizational Competitiveness," *Academy of Management Executive*, 5(3), 45-56.

Csikszentmihalyi, M. (1996) *Creativity - Flow and The Psychology of Discovery and Invention*, HarperCollins.（浅川希洋志（監訳）（2016）『クリエイティヴィティーフロー体験と創造性の心理学』世界思想社。）

Eisenberger, R., & Stinglhamber, F. (2011) *Perceived Organizational Support: Fostering Enthusiastic and Productive Employees*, American Psychological Association.

Ely, R. J., & Thomas, D. A. (2001) "Cultural Diversity at Work: The Effects of Diversity Perspectives on Work Group Processes and Outcomes," *Administrative Science Quarterly*, 46(2), 229-273.

Ford, C. M. (1996) "A Theory of Individual Creative Action in Multiple Social Domains," *Academy of Management Review*, 21(4), 1112-1142.

Gong, Y., Huang, J.-C., & Farh, J.-L. (2009) "Employee Learning Orientation, Transformational Leadership, and Employee Creativity: The Mediating Role of Employee Creative Self-efficacy," *Academy of Management Journal,* 52(4), 765-778.

Gonzalez, J. A., & Denisi, A. S. (2009) "Cross-level Effects of Demography and Diversity Climate on Organizational Attachment and Firm Effectiveness," *Journal of Organizational Behavior,* 30, 21-40.

Gündemir, S., Homan, A. C., Usova, A., & Galinsky, A. D. (2017) "Multicultural Meritocracy: The Synergistic Benefits of Valuing Diversity and Merit," *Journal of Experimental Social Psychology,* 73, 34-41.

Harrison, D. A., Price, K. H., & Bell, M. P. (1998) "Beyond Relational Demography: Time and The Effects of Surface-and Deep-level Diversity on Work Group Cohesion," *Academy of Management Journal,* 41(1), 96-107.

Harrison, D. A., Price, K. H., Gavin, J. H., & Florey, A. T. (2002) "Time, Teams, and Task Performance: Changing Effects of Surface-and Deep-level Diversity on Group Functioning," *Academy of Management Journal,* 45(5), 1029-1045.

Homan, A. C., Hollenbeck, J. R., Humphrey, S. E., Van Knippenberg, D., Ilgen, D. R., & Van Kleef, G. A. (2008) "Facing Differences with an Open Mind: Openness to Experience, Salience of Intragroup Differences, and Performance of Diverse Work Groups," *Academy of Management Journal,* 51(6), 1204-1222.

Horwitz, S. K., & Horwitz, I. B. (2007) "The Effects of Team Diversity on Team Outcomes: A Meta-analytic Review of Team Demography," *Journal of Management,* 33(6), 987-1015.

Jackson, S. E., Joshi, A., & Erhardt, N. L. (2003) "Recent Research on Team and Organizational Diversity: SWOT Analysis and Implications," *Journal of Management,* 29(6), 801-830.

Joshi, A., & Knight, A. P. (2015) "Who Defers to Whom and Why? Dual Pathways Linking Demographic Differences and Dyadic Difference to Team Effectiveness," *Academy of Management Journal,* 58(1), 59-84.

Joshi, A., & Roh, H. (2009) "The Role of Context in Work Team Diversity Research: A Meta-analytic Review," *Academy of Management Journal,* 52(3), 599-627.

Kochan, T., Bezrukova, K., Ely, R., Jacson, S., Joshi, A., Jehn, K., Leonard, J., Levine, D., & Thomas, D. (2003) "The Effects of Diversity on Business Performance: Report of the Diversity Research Network," *Human Resource Management,* 42(1), 3-21.

Kelly, E., & Dobbin, F. (1998) "How Affirmative Action Became Diversity Management Employer Response to Antidiscrimination Law, 1961 to 1996," *American Behavioral Scientist,* 41(7), 960-984.

McCrae, R. R. (1987) "Creativity, Divergent Thinking, and Openness to Experience," *Journal of Personality and Social Psychology,* 52(6), 1258-1265.

Milliken, F. J., & Martins, L. L. (1996) "Searching for Common Threads: Understanding the Multiple Effects of Diversity in Organizational Groups," *Academy of*

第
Ⅰ
部

第
Ⅱ
部

第
Ⅲ
部

Management Review, 21(2), 402-433.

Nembhard, I. M., & Edmondson, A. C. (2006) "Making It Safe: The Effects of Leader Inclusiveness and Professional Status on Psychological Safety and Improvement Efforts in Health Care Teams," *Journal of Organizational Behavior*, 27(7), 941-966.

Nishii, L. H. (2013) "The Benefits of Climate for Inclusion for Gender-Diverse Groups," *Academy of Management Journal*, 56(6), 1754-1774.

O'Leary, B. J., & Weathington, B. L. (2006) "Beyond the Business Case for Diversity in Organizations," *Employee Responsibilities and Right Journal*, 18(4), 283-292.

Pelled, L. H. (1996) "Demographic Diversity, Conflict, and Work Group Outcomes: An Intervening Process Theory," *Organization Science*, 7(6), 615-631.

Qin, J., Muenjohn, N., & Chhetri, P. (2014) "A Review of Diversity Conceptualizations: Variety, Trends, and a Framework," *Human Resource Development Review*, 13(2) 133-157.

Roberson, Q. M. (2006) "Disentangling the Meanings of Diversity and Inclusion in Organizations," *Group & Organization Management*, 31(2), 212-236.

Runco, M. A., & Jaeger, T. A. (2012) "The Standard Definition of Creativity," *Creativity Research Journal*, 24(1), 92-96.

Shin, S. J., Kim, T. Y., Lee, J. Y., & Bian, L. (2012) "Cognitive Team Diversity and Individual Team Member Creativity: A Cross-level Interaction," *Academy of Management Journal*, 55(1), 197-212.

Shore, L. M., Cleveland, J. N., & Sanchez, D. (2018) "Inclusive Workplaces: A Review and Model," *Human Resource Management Review*, 28(2), 176-189.

Shore, L. M., Randel, A. E., Chung, B. G., Dean, M. A., Ehrhart, K. H., and Singh, G. (2011) "Inclusion and Diversity in Work Groups: A Review and Model for Future Research," *Journal of Management*, 37(4), 1262-1289.

Tsui, A. S., Egan, T. D., & O'Reilly Ⅲ, C. A. (1992) "Being Different: Relational Demography and Organizational Attachment," *Administrative Science Quarterly*, 37(4), 549-579.

Van Knippenberg, D., & Schippers, M. C. (2007) "Work Group Diversity," *Annual Review of Psychology*, 58, 515-541.

West, M. A. (1990) "The Social Psychology of Innovation in Groups," In: West, M. A., & Farr, J. L. (Eds.), *Innovation and Creativity at Work: Psychological and Organizational Strategies*, Wiley, 309-333.

Williams, K. Y., & O'Reilly, C. A. (1998) "Demography and Diversity in Organizations: A Review of 40 Years of Research," In: Staw, B., & Cummings, L. L. (Eds.) *Research in Organizational Behavior*, 8, 70-140, JAI press.

Woodman, R. W., Sawyer, J. E., & Griffin, R. W. (1993) "Toward A Theory of Organizational Creativity," *Academy of Management Review*, 18(2), 293-321.

Zhou, J. (2006) "A Model of Paternalistic Organizational Control and Group Creativity," *Research on Managing Groups and Teams*, 9, 75-94.

Zhou, J., & Hoever, I. J.（2014）"Research on Workplace Creativity: A Review and Redirection," *Annual Review of Organizational Psychology and Organizational Behavior*, 1(1), 333-359.

桑田耕太郎（2023）「経営学における創造性の学史的研究」『経営学史叢書第Ⅱ期第 7 巻　創造性　創造する経営学』文眞堂，1-21.

佐藤佑樹・島貫智行・林　祥平・森永雄太（2020）「インクルージョン風土と従業員の創造性―知覚された組織的支援（POS）の媒介効果」『組織科学』54(1)，16-31.

高尾義明（2023）「個人・集団の創造性からシステム創発性へ」『経営学史叢書第Ⅱ期第 7 巻　創造性　創造する経営学』文眞堂，22-44.

竹田陽子（2022）「多元的視点取得が創造的成果に与える影響」『組織科学』56(1)，60-72.

竹田陽子（2023）『共観創造―多元的視点取得が組織にもたらすダイナミズム』白桃書房.

谷口真美（2005）『ダイバシティ・マネジメント―多様性をいかす組織』白桃書房.

谷口真美（2008）「組織におけるダイバシティ・マネジメント」『日本労働研究雑誌』547，69-84.

開本浩矢・和多田理恵（2012）『クリエイティビティ・マネジメント―創造性研究とその系譜』白桃書房.

藤本健太郎（2010）「社会保障とソーシャルインクルージョン」『経営と情報：静岡県立大学・経営情報学部/学報』22(2)，45-56.

船越多枝（2021）『インクルージョン・マネジメント―個と多様性が活きる組織』白桃書房.

闇　亜光（2022）「日本企業のダイバーシティマネジメントにおける新たな着目点と提言―概念・実態の検討を通して」『地域情報研究：立命館大学地域情報研究所紀要』11，42-70.

第Ⅰ部

第Ⅱ部

第Ⅲ部

第7章

中小企業による
新製品開発 FE フェーズの成功要因
創造性投資理論に依拠して

　本章では，中小企業による新製品開発の成功要因を，特に開発の FE フェーズに焦点を当て，また組織による創造性発揮の説明モデルである Lubart & Sternberg（1995）の創造性投資理論により，検討する。あわせてその開発成功要因の中での，個人の認知プロセスの役割を考察する。第1節において概要と目的を示したのち，第2節において新製品開発 FE フェーズ，中小企業経営，創造性理論それぞれに関する先行研究をレビューする。第3節において調査課題（RQ）を設定した上で，中小企業経営の専門家と経営者を対象としたインタビュー調査の概要について説明する。そして第4節においてその結果と考察を示し，第5節で知見をまとめる。

1　概要と目的

　多くの企業にとって，新たな製品・サービス開発を行い，イノベーションを実現していくことは，重要な成長課題の1つである（Markham 2013）。中小企業もその例外ではない。中小企業は，その規模が限定されているがゆえに，常に激しい競争環境にさらされており，そのことに対応するために，イノベーションに取り組む必要性がある（清成ら 1996）。中小企業基本法（1999 年）も，中小企業の役割を「積極的な創造者」とし，製品開発等により市場の創造と開拓に自ら挑戦する企業を支援することを意図している（井上ら 2014）。中小企業は，日本において企業数で全企業の 99.7%，従業者数で全体の約 70%，付加価値額で全体の約 53% を占めており（中小企業庁 2023），その日本経済における存在意義は十分に大きい（井上ら 2014）。特に地方においては，中小企業の企業数や

従業員数が都市部よりもより大きな割合を占めていることから，それは地域経済にとって重要な存在である（中小企業庁 2023）。

　これまでの新製品開発研究において，開発成功要因を明らかにする試みがなされてきた。その代表的なものとして，Cooper & Kleinschmidt（1987）がある。彼らは開発成功要因として，第1に製品優位性，第2に開発前調査段階の実施クオリティ，第3に製品プロトコル（コンセプト）定義であることを指摘した。このうち第2と第3の要因とは，開発最上流段階に含まれ，それは FE フェーズ（Front End Phase）と呼ばれる（Khurana & Rosenthal 1998；磯野 2015）。Cooper（2008）もその FE フェーズ管理の相対的重要性を指摘し，Markham（2013）はサーベイ調査により，FE フェーズ管理とは，正式プロセス，戦略，リーダーシップといった新製品開発の他の要因と比較しても，その成果により大きな影響を与えることを示した。すなわち主要な開発成功要因の1つとして，FE フェーズ管理の問題が指摘される。その上でその FE フェーズ管理のあり方として，Khurana & Rosenthal（1998）は，特にその包括的管理の必要性を指摘した。Markham（2013）は，FE フェーズ管理の主な要素を，正式プロセス，資源，リーダーシップ，技術開発・コンセプト・市場調査・事業ケース開発下準備活動完了，メンバー合意とし，それらが本格的な開発に足るアイデア特定に重要であることを示した。

　ところでこれらの知見は，大企業による開発を前提としたものであり，中小企業にもそれがどのように当てはまるかは明らかではない。そこでこれら知見を中小企業による開発に当てはめることを考えるとき，中小企業による開発においても，本格的な開発の前に，それに足るアイデアを特定するという FE フェーズの重要性そのものに疑問を挟む余地は見当たらない。しかしその FE フェーズの管理のあり方については，中小企業の特徴を踏まえれば，検討の余地があるのではないか。中小企業とは，大企業と比較して（1）迅速な意思決定，（2）柔軟性・機動性，（3）顧客ニーズへの柔軟で的確な対応，（4）経営者と社員の一体感・連帯感，（5）独創的な技術やビジネスモデル，（6）コスト競争力の6点においてより優れていることが指摘され（小嶋 2014），また中小企業による製品開発とは大企業によるそれと比較して，経営者がよりリーダーシップを発揮し，経営者がより直接的にそれを担っているとされる（小嶋 2014）。大企業

による開発とは，より大規模な開発組織によるがゆえに，Khurana & Rosenthal（1998）によって FE フェーズの包括的管理の重要性が主張されるが，中小企業による開発とは，必然的により小規模な開発組織によるものであり，経営者と社員の一体感・連帯感が強く，経営者が直接担うことが多いのであれば，その FE フェーズの包括的管理の重要性が相対的に重要かは疑問の余地がある。また Markham（2013）がいう FE フェーズ管理の主な要素についても，中小企業による開発においてはすでに経営者によるリーダーシップ，メンバー合意は十分にあり，それらは問題とはならないことが容易に想定される。またその逆に中小企業においては資源は常に不十分であり，その中でも開発を進めなければならないであろうことも十分想定される。

　その一方で，中小企業による新製品開発の FE フェーズ管理を考えるとき，その中小企業の特徴を踏まえれば，創造性理論が参考になると考える。なぜならば，まず FE フェーズでなされることとは，本格的な開発の前に，それに足るアイデアを特定することであるが，それには創造性とプロセス管理のバランスが求められる（Khurana & Rosenthal 1998）。すなわち創造性とは FE フェーズ管理における主要な要素である。そして中小企業による開発とは，経営者や主要な開発者による強力なリーダーシップによる，すなわち個人の資質に大きく依存することが特徴であるが（小嶌 2014），創造性とは，組織要因も含むものの，まずは個人要因を主に含む（Lubart & Sternberg 1995）。そこで本研究は，中小企業による製品開発の成功要因について，その FE フェーズ管理に焦点を当てた上で，創造性理論に依拠して明らかにすることを試みる。あわせてその開発成功要因の中での，個人の創造性に関する認知プロセスすなわち創造的認知の役割を考察する。

2　理論背景

■ 2-1　新製品開発成功要因と FE フェーズの主要管理要素

　新製品開発研究において，開発成功要因を明らかにする試みがなされてきた。その代表的なものとして，Cooper & Kleinschmidt（1987）がある。彼らは開発成功要因として，第 1 に製品優位性，第 2 に開発前調査段階の実施クオリティ，

第3に製品プロトコル（コンセプト）定義であることを指摘した。

　その FE フェーズの重要性に注目し，FE フェーズの管理要素およびその効果的な管理のあり方を議論したのが，Khurana & Rosenthal（1998）である。彼らはまず，FE フェーズにおける，それ以降のフェーズで開発対象となり得るコンセプト特定のためには，創造性とプロセス管理のバランスが求められることが前提にあるとした上で，創造性要素は観察不可能だが，プロセス管理要素は観察可能であるゆえ，その観察可能なプロセス管理要素に焦点を当てるべきと主張した。その上で，先行研究知見から，プロセス管理要素のうち，開発成果に結びつくと説明される FE フェーズ管理要因（下位管理要因）として，次のように整理した。すなわちそれは，（1）製品ポジショニングを含む製品戦略に関するもの，（2）早期の明確な製品定義や，顧客ニーズ分析を含む製品定義に関するもの，（3）資源配分を含むプロジェクト定義に関するもの，（4）そしてチームによる開発を含む組織役割に関するものである。そして，さらにそれら下位管理要因の効果的な管理に結びつく上位管理要因（特徴）として，大企業12 社を対象とした事例研究によって，（A）製品戦略を含む事業戦略と FE フェーズとが統合されていること，（B）FE フェーズにおいてリーダーシップが発揮されていること，（C）組織内整合のために，正式化されたプロセスが採用されているか，それを支持する組織文化が存在していること，これら3つを特定した。その後，Barczak et al.（2009）が，2003 年に実施された 400 超の開発者を対象とした新製品開発の成功要因に関する調査結果から，より優れた企業はそうでない企業と比較して，FE フェーズにおけるアイデア開発をより正式化されたプロセスにより管理していることを示したが，これは Khurana & Rosenthal（1998）を支持するものである。

　さらに Markham（2013）は，FE フェーズ管理の主な要素を，正式プロセス，資源，リーダーシップ，技術開発・コンセプト・市場調査・事業ケース開発予備的活動完了，メンバー合意とした上で，Product Development Management Association に登録する開発実務者（n = 272）を対象としたサーベイ調査により，それら要素がいずれも，FE フェーズ管理成果，すなわち本格的な開発に足るアイデア特定に重要であることを示した。その上，さらにその FE フェーズ管理自体は，正式プロセス，戦略，リーダーシップといった新製品開発の他の要

表7-1　開発成果に結びつく FE フェーズ管理要素

	Khurana & Rosenthal（1998）	Markham（2013）
FE フェーズ 上位管理要因 （特徴）	(a) 事業戦略（製品戦略含む）- FE フェーズ統合 (b) FE フェーズにおけるリーダーの役割 (c) 正式プロセスあるいは文化による組織調整	リーダーシップ 正式プロセス， メンバー合意
FE フェーズ 下位管理要因	(1) 製品戦略 NPD と戦略の整合性，製品ポジショニング，NPD ポートフォリオ計画 - リスク・資源投資バランス	事業ケース開発予備的 活動完了
	(2) 製品定義 早期の明確な定義，予備的市場・技術分析，顧客ニーズ分析，属性優先度設定，定義柔軟性検討	予備的技術開発・ コンセプト・ 市場調査活動完了
	(3) プロジェクト定義 プロジェクト優先順位の設定，資源配分計画，技術・市場変動対応策	資源
	(4) 組織役割 プロジェクトマネジャの役割，NPD 全体のチーム組織体制，組織内コミュニケーション	メンバー合意

因と比較しても，その成果により大きな影響を与えることを示した。表7-1 には Khurana & Rosenthal（1998）および Markham（2013）が指摘した FE フェーズ管理要素を示す。

■ 2-2　中小企業経営の特徴

　上述の Khurana & Rosenthal（1998）あるいは Markham（2013）による知見とは，大企業による開発を対象とした分析から導かれており，それが中小企業による開発にも当てはまるかについては，中小企業経営を扱う研究による知見を踏まえれば，検討の余地がある。

　まずそもそも中小企業とは，一般にその従業員数によって，大企業と区別される。例えば日銀短観（全国企業短期経済観測調査）が用いる中堅企業あるいは中小企業とは，卸売業であれば100〜999 人（中堅），20〜99 人（中小），小売，サービス，リース業であれば50〜999 人（中堅），20〜49 人（中小），その他の業種であれば300〜999 人（中堅），50〜299 人（中小）の規模にある企業とされる。すなわち中小企業とは，大企業と比較してまず，その組織規模が異なる。

その規模の異なりは，質の異なりをもたらす。清成ら（1996）は，そのような中小企業による経営とは大企業のそれと比較して相対的に，（1）非組織的な意思決定，（2）激しい市場競争環境，（3）限定された経営資源，これら3つの特性を持つことを指摘した。ここで（1）に関しては，経営者が強いリーダーシップを発揮し，意思決定が迅速に行われるとともに，柔軟な企業行動が可能となることを意味し，同時にそれは経営者の独走にもなり得ることを意味する。（2）に関しては，その激しい市場競争環境に対応するために，自ずと革新的事業に取り組むようになることを意味し，同時に大企業の下請けに安住してしまうことがあり得ることを意味する。（3）に関しては，限りある経営資源を有効活用するため，ニッチ市場に特化しながら独自技術で製品の高度化・差別化を図ることを意味し，同時にスケールメリットが働きにくいことを意味する。同様に小嶌（2014）は，（1）迅速な意思決定，（2）柔軟性・機動性，（3）顧客ニーズへの柔軟で的確な対応，（3）経営者と社員の一体感・連帯感，（5）独創的な技術やビジネスモデル，（6）コスト競争力，これら6点においてより優れていることを主張した。その上で，中小企業による製品開発とは，大企業によるそれと比較して，経営者がよりリーダーシップを発揮し，経営者がより直接的にそれを担っていることを主張した。

　清成ら（1996）が指摘するように，中小企業はその規模が限定されているがゆえに，常に激しい競争環境にさらされており，そのことに対応するために，革新的事業に取り組む必要性がある。このことを反映して，中小企業基本法（1999年）は，中小企業の役割を「積極的な創造者」とし，製品開発等により市場の創造と開拓に自ら挑戦する企業を支援することを意図している（井上ら2014）。黒瀬（1996）は，1995年の時点で，これまでの中小企業とは主に，大企業には持ち得ない独自の技術力を持つに至った一方，市場については大企業に依存したままであり，それも平成不況によって大企業のリストラと海外展開による下請け企業の切り捨てが進んでいる状況では，存続し得ないとする。そして今後求められるのは，市場を自ら創造する中小企業であると主張する。すなわち中小企業は，存続と成長を図るために，新製品開発を成功させ，新たな市場を自ら創出することが求められている。

　しかしその一方で，Khurana & Rosenthal（1998）が指摘した，包括的FE フ

ェーズモデル，すなわち (a) 製品戦略を含む事業戦略と FE フェーズとが統合されていること，(b) FE フェーズにおいてリーダーシップが発揮されていること，(c) 組織内整合のために，正式化されたプロセスが採用されているか，それを支持する組織文化が存在していることとは，組織規模が大きく，意思決定を含む組織管理が複雑となる大企業ゆえに求められることであり，対して，清成ら (1996) や小嶌 (2014) が指摘するように，もともと経営者がより強いリーダーシップを発揮し，意思決定が迅速に行われること，経営者と社員とがより一体感・連帯感を持つことを特徴とする中小企業にとっては，それらは求められる以前に当然のこととしてあり，成否を決定する要因としては現れないことが想定される。また Markham (2013) が示した，FE フェーズ管理成果に影響を与える FE フェーズ管理要素についても，そのうちのリーダーシップの必要性やメンバー合意は，上述のようにその成否を決定する要因としては現れないことが想定される。またまたその逆に，中小企業においては資源は常に不十分であり，その中でも開発を進めなければならないであろうことも十分想定される。

■ 2-3　創造性理論

この中小企業による開発の特徴を踏まえれば，その開発 FE フェーズの管理を考えるとき，創造性理論が参考になると考える。なぜならば，清成ら (1996) や小嶌 (2014) がいうように，中小企業による開発とは，経営者や主要な開発者による強力なリーダーシップによる，すなわち個人の資質に大きく依存することが特徴であるが，創造性とは，組織要因も含むものの，まずは個人要因を主に含む (Lubart & Sternberg 1995) からである。すなわち中小企業における経営者あるいは主要な開発者により導かれる努力によって，いかにして創造的アイデアの特定がなされ得るのか，その要因は何かを理解するために，創造性理論に依拠できると考える。

ここで，創造性とは，Khurana & Rosenthal (1998) によっては，観察不可能なものとして検討除外されたが，本研究は，中小企業による開発の特徴を考えるときはむしろプロセス管理要素よりもより重要と考えるものである。しかも創造性要素とは，決して観察不可能なものだけではなく，観察可能なものもあり，それは Im & Workman Jr. (2004) 等の先行研究が扱う通りである。創造

的産物とは一般に，新規性がありかつ有用性・有意味性があるものとされるが（Amabile 1986；Lubart & Sternberg 1995)，そのような創造的産物が生じる要因について，多くの先行研究が明らかにすることを試みてきた。その中でも，Amabile (1996)，Lubart & Sternberg (1995)，Csikszentmihalyi (1996) は，個人と環境を含めた包括的モデルを提示する（Sternverg & Lubart 1999)。これらは，開発者という個人が，組織および市場を含めた環境と関わりつつ行う開発において，開発成果につながる要因とは何かを考察する上で参考になる。このうち特に，Lubart & Sternberg (1995) は創造性を，投資のメタファーによって捉えるものである。彼らによれば，投資とは，安く買い，高く売ることを行動原理とするが，創造性もその投資と同様，低価値と見なされているが潜在性のありそうなアイデアを求め，それが高価値と認められより大きなリターンを産み出すと判断される時に提示する特徴を持つ。そして投資と同様，求めたアイデアは結局高い価値と認められないリスクも伴い，長く保持しすぎて価値が認められるタイミングを見逃すリスクも伴う。FE フェーズの目的とは，その価値の不確実性ゆえに伴うリスクを低減し，正式なプロジェクトとして開発されるべきアイデアを特定することとされるが（Khurana & Rosenthal 1998)，この投資をメタファーとした創造性モデルは，そのような FE フェーズを説明するのにより適当と思われる。

　そして Lubart & Sternberg (1995) は，そのような低価値と見なされているアイデアを求め，それを高価値と認められる時に提示することを可能とするものとして，思考プロセス（Intellectual Processes)，知識（Knowledge)，思考スタイル（Intellectual Style)，性格（Personality)，動機づけ（Motivation)，環境（Environment）という 6 つの資源を提唱した（図 7-1)。思考プロセスとは，優れた投資家が，他人がその価値を見出さないようなものに対して何らかのアイデアを形成したり認識したりするように，問題に対して，それを翻訳したり，何らかと比較したり，解を見つけるために何らか同士を組み合わせたりすることによって，再定義するようなことを意味する。知識とは，優れた投資家が，どの会社が真に価値が低く，どの会社が本当はより価値が高いのかを見分けるが，そのためにはそれらの会社についての知識を駆使しているように，その創造性が生じる領域に関する知識を意味する。思考スタイルとは，優れた投資家が，

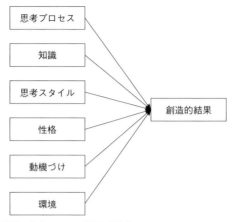

図 7-1　創造性発揮のための 6 つの資源（要因）（Lubart & Sternberg（1995）をもとに著者作成）

安く買い高く売る能力を持つだけではなく，そのような行為を求め，その能力を使うことを積極的にしようとするように，思考プロセスと知識を問題に適用することを促す心的統制の傾向であり，実行型に対する企画型，保守型に対する革新型，細部型に対する概略型の 3 種があるとされる。性格とは，優れた投資家が，安く買い高く売る能力（思考プロセス）と思考スタイルだけでなく，そのような行為を好む性格を持つように，曖昧さの許容，忍耐，成長の希求，リスクの希求，個人志向の 5 つの属性からなるとされ，いずれも周りに抵抗してでも新規性を求めることに価値を置くような態度とされる。動機づけとは，優れた投資家が，他人がどう思おうと，最も有利な投資をしようと強く動機づけられているように，外発的報酬および内発的報酬に関するものであり，目的自体，あるいは目的よりも過程自体に動機づけられるものを意味する。そして環境とは，創造性発揮を促す物理的環境および社会的環境を意味する。そしてこの Lubart & Sternberg（1995）は，それら 6 つの資源が，創造性に影響を与えることを実証した。すなわち中小企業による開発 FE フェーズを，Lubart & Sternberg（1995）による創造性の観点から捉えれば，その開発成果の規定要因とは，これら 6 つの資源に関するものであることが想定される。

　以上の先行研究知見をもとに，調査課題（RQ）として，次を設定した。

> 中小企業による新製品開発において，その開発成果により結びつく，FE
> フェーズの管理要因とは何か。特に Lubart & Sternberg（1995）による創
> 造性投資モデルに依拠するとき，それらはどのように説明されるのか。

3　調査概要

■ 3-1　調査方法

　この調査課題に対して，本調査の関心である中小企業による新製品開発に関
する専門家および実務家を対象とした，定性インタビュー調査を行うこととし
た。本調査の焦点は，中小企業による新製品開発において，どのような FE フ
ェーズ管理が，その開発成果により結びつくのかを理解することにあり，その
ことによって，開発成果に結びつく FE フェーズ管理要因に関する仮説を構築
することにある。そのような理論仮説の構築には定性調査が適切とされるから
である（Yin 2009）。

■ 3-2　調査対象の選択

　インタビューにおいては，中小企業によるイノベーション実現を意図した新
製品開発プロジェクトの特に FE フェーズ管理に主導的に関わった開発者，お
よびそのようなプロジェクトに詳しい専門家を対象とすることとした。開発者
を対象としたのは，彼らの直接的な開発経験を聞き取ることで，開発の実態を
理解しまた，彼らが考える開発成果につながる FE フェーズ管理要因を理解す
るためである。専門家を対象としたのは，彼らの複数の多様な新製品開発 FE
フェーズ管理の審査経験から形成された，彼らが考える開発成果につながる
FE フェーズ管理要因を理解するためである。開発者から得られる知見とは，
彼らの単一の直接的な開発経験の実態と，彼らが持つ開発管理要因の主観であ
る。それは直接的経験であるゆえに，より詳細で正確な開発実態についてであ
ることが期待されるが，あくまでも彼らの企業によるものだけであり，また彼
らの主観であることから具体性はあるものの一般性に欠けることが想定される。
対して専門家から得られる知見とは，彼らの多様な複数の開発の観察と，それ

表7-2　インタビューリスト

インタビュイ	役職	規模（従業員数）	業種
A	実務家（代表取締役）	178 人	農業
B	実務家（代表取締役）	37 人	アパレル
C	実務家（代表取締役）	122 人	システム開発等
D	実務家（代表取締役）	138 人	システム開発等
E	実務家（事業部長）	14 人	小売
O	専門家		小売指導
P	専門家		商業指導
Q	専門家		農業経営指導
R	専門家		水産物開発指導

から形成される開発管理要因の主観である。それは直接的ではないが，多様な開発の観察からであるゆえに，より一般的であることが期待される。開発者からの知見と専門家の知見とを併用することで，より具体性がありつつも，できるだけ一般性のある FE フェーズ管理要因を理解することを試みた。

　開発者は，著者に地理的に近い地域に立地し，かつその新製品開発活動が活発であることが各種のメディアから伺える企業にインタビューを申し込み，合意いただいたところに所属する人 5 人を対象とした。専門家は，同地域の行政が主催するその地域の企業の新製品開発活動に対して助成先を審査・判断する委員会（平成 21〜29 年度鳥取県農商工連携促進ファンド事業審査委員会）に審査委員として所属する人 4 人にインタビューを申し込み，合意いただいた人を対象とした。この審査委員会は，事業者の新製品開発等事業申請に対してその助成対象の採否を審査するものであるが，その申請には事業計画をまとめた事業提案書をもってなされ（鳥取県産業振興機構 2013），それは本研究が扱う FE フェーズ段階における活動内容に相当する。開発者が関与した開発プロジェクトが対象とした業種とは，アパレル，6 次産業化農業，菓子，IT であり，その開発者とはいずれもその企業の経営者あるいは事業部門長であり，新製品開発に主体的に関与している人であった。専門家が審査した開発プロジェクトが対象とした業種とは，農業，工業，商業と幅広く，いずれも年間 50 以上の開発プロジェクトを 10 年間審査した経験を持つ人であった。調査は 2017 年 3 月から 2019 年

2月の間に実施された。インタビューリストを表7-2に示す。

■ 3-3　インタビュープロトコル

　調査は半構造化インタビュー調査とし、それぞれのインタビュー実施時間は
およそ1時間半～3時間であった。インタビュー調査において具体的に聞き取ら
れた主な項目は、プロジェクト概要、開発プロセス、考えられる開発成功・
不成功要因、以上の3点についてであった。

　ここで開発プロジェクトの成果については、その企業が設定した開発目標に
達したか否かによって、評価した。すなわち開発プロジェクトの成否とは、そ
の開発プロジェクトの目標が達成されたか否かをもとに判断した。そして調査
対象とした開発プロジェクトのすべては、その目標に、その企業の一事業とし
て立ち上がり、健全に持続していることを含んでいた。Garcia & Calantone
(2002) はイノベーションを、企業（自社）的新規性、すなわち市場的や技術的に
は新規性はなくともその企業にとって新規性が実現されたもの、市場的新規性、
すなわちその企業にとっての新規性はもちろん、それが対象とする市場にとっ
ても新規性が実現されたもの、技術的新規性、すなわちその企業にとっての新
規性はもちろん、その技術分野においても新規性が実現されたもの、これらの
3種類に分類したが、この分類に従えば、本調査においての開発プロジェクト
の成功とは、企業的新規性が実現されたもの以上のものを意味することとなる。

　各インタビューにて聞き取られた内容は録音し、インタビュー後に著者と調
査補助者とでその聞き取った内容のコーディングを行い、その妥当性を確保す
るよう努力した。

4　調査結果および考察

■ 4-1　Khurana & Rosenthal (1998) と Markham (2013) に沿った開発成
　　　　功要因の検討

　今回得られた知見を、まず Khurana & Rosenthal (1998) による FE フェー
ズの包括的管理管理要因に沿って検討すれば、中小企業による開発の場合、そ
の開発組織とは大企業のそれ程には複雑な開発プロセスを抱えるわけではない

ゆえに，(a) いかに事業戦略に従って FE フェーズを管理するかが問題となる
とは指摘されなかった。(b) また開発におけるリーダーシップは基本的に経営
者自らによって発揮されるために，それも特に問題となるとは指摘されなかっ
た。(c) そして経営者自らがそのリーダーシップをもって開発組織を主導する
にあたって，開発組織メンバー間の合意や調整が問題となるということも，特
に指摘はされなかった。そのリーダーシップやメンバー合意とは，Markham
(2013) によってもその主要な管理要素として指摘されていたことである。

　その一方で，問題として指摘されたのが，主要な組織メンバーの成長指向性，
限りある資源で独自の有益なものを作るという意識やそのための資源，何らか
の革新的なものを作るという意識やそのための資源であった。その中には，以
下のように，Khurana & Rosenthal (1998) や Markham (2013) では捉えられ
てはいなかったような，主要な組織メンバーの起業家精神といったような思考
スタイル要因，関連業種・関連企業との連携，競争環境などといったような環
境要因が含まれる。

■ **4-2　Lubart & Sternberg（1995）の創造性投資モデルに沿った開発成功
要因の検討**

　次には，Lubart & Sternberg (1995) が提唱する投資メタファーで説明され
る創造性モデルに沿って，今回得られた知見を整理，検討する。彼らは創造性
を，安く買い，高く売ることを行動原理とする投資のメタファーによって説明
していた。

　中小企業による FE フェーズ開発組織とは，相対的に限られた組織メンバー
のみでなされるゆえ，その開発成果は，経営者自身を含む主要な組織メンバー
個人の資質に大きく依存することになることがうかがえた。そして「製品差別
化につながるようなその企業独自の開発資源（O, P）」や，「儲ける意識（B, C,
D, P）」が必要と見なされていることは，その投資をメタファーとした創造性の
特徴と合致する。また，「独自性のある製品（O）」「高付加価値（B）」とは開発
成果を意味するが，それは創造的産物としての特徴，すなわち新規性があり，
有用であるもの（Lubart & Sternberg 1995）と重なる。その上で各実務家・専門
家が指摘した要因は，その Lubart & Sternberg (1995) の創造性投資モデルを

表7-3　各実務家・専門家が指摘した要因と創造性投資モデルにおける6つの資源の対応関係

インタビュイ	業種	創造性投資モデルの6つの資源					
		思考プロセス	知識	思考スタイル	性格	動機づけ	環境
実務家							
A	農業	社会的課題認識 ビジョン設定 ターゲティング イメージの活用 補完・拡張	事業分野知識 農業技術 地域知識 経営知識	起業家精神 ビジョン 自律性	起業家精神 個人	ビジョン	収益事業の存在 アイデア支援組織
B	アパレル	ビジョン設定 コンセプト設定 概念組み合わせ	事業分野知識 製造技術 他分野知識	起業家精神 夢 ビジョン 自律性	起業家精神 個人	夢 ビジョン 儲ける意識	収益事業の存在 アイデア展開組織 異種種連携
C	システム開発等	社会的課題認識 ビジョン設定 ニーズ理解 補完・拡張	事業分野知識 開発技術 市場知識 経営知識	起業家精神 ビジョン 自律性	起業家精神	ビジョン 儲ける意識	収益事業の存在 アイデア展開組織 異種種連携 外部研修
D	システム開発等	社会的課題認識 ビジョン設定 ニーズ理解 戦略・BM設定	事業分野知識 開発技術 市場知識	起業家精神 夢 ビジョン	起業家精神	夢 ビジョン 儲ける意識	収益事業の存在 合議制組織
E	小売	コンセプト設定 ターゲット顧客 ニーズ理解	事業分野知識 開発・生産技術 商業知識 経営知識				生販協働
専門家							
O	小売指導	コンセプト設定 →差別化 ターゲティング ニーズ解釈 戦略設定	市場知識→ 客観視		やり遂げる意志		オープン組織
P	商業指導	ビジョン設定 コンセプト設定 ターゲティング ニーズ理解	消費者意識 開発技術	ビジョン 自律性		ビジョン 儲ける意識	自律的組織 外部支援組織
Q	農業経営指導	ビジョン設定	事業分野知識 経営知識・能力 消費者意識 経営知識	起業家精神 革新取り込み ビジョン	起業家精神	ビジョン	自律組織 関連業種連携 異種種連携 競争環境 中間組織
R	水産物開発指導	社会トレンド認識 ストーリ（コンセプト＆ターゲティング） 戦略・BM設定 アイデア組み合わせ イメージ活用 市場への提案	事業分野知識 開発・生産技術 →差別化 市場知識				競争環境 関連業種連携

構成する 6 つの資源によっては，表 7-3 のように整理できる。

　全般的にはその 6 つの資源のうち，思考プロセス，知識，環境については，実務家と専門家両方から多くの要因が指摘されたが，思考プロセスのうちでも特に実務家からは，社会的課題の認識と，それから導かれるビジョンの重要性の指摘が強くなされた一方，専門家からは，コンセプト設定とターゲット設定の重要性の指摘が強くなされた。また環境について 1 人の専門家（Q）からその専門性から，関連業種連携や異業種連携の重要性についての指摘がなされた。動機づけについては，主に実務家のみから指摘された。

　次にはその 6 つの資源それぞれについて記述する。

1）思考プロセス

　思考プロセスとは，問題に対して新しい角度からアプローチすることでそれを再定義するようなことを意味し，そのアプローチの仕方として，その問題を翻訳したり，何らかと比較したり，解を見つけるために何らか同士を組み合わせたりすることがあるとされる（Lubart & Sternberg 1995）。

　中小企業による開発においても，この思考プロセスの特に問題の再定義に関するものとして，特に実務家によって「ビジョン，特に遠い先までの見通し（A, B, C, D, P, Q, R）」や，そのビジョンに具体的にアプローチするための戦略あるいはビジネスモデルの設定，例えばニッチ戦略（D），高付加価値戦略（B），（限定された市場における）差別化戦略（O, R）の重要性が強調された。また実務家によっては特に，自社資源によってアプローチが可能でありそれゆえに開発プロジェクトとして取り組むべき社会的課題の特定の重要性が強調された（A, C, D）。またより基本的なこととして，「明確なターゲットとコンセプトの設定（定義）（A, B, E, O, P, R）」の必要性が指摘された。これらは Khurana & Rosenthal（1998）の包括的 FE フェーズモデルにおける製品戦略要因および製品定義要因に含まれるものでありまた，Markham（2013）によってはコンセプト定義活動完了として指摘されていたものである。

　そして問題へのアプローチの仕方として，「複数ターゲットの設定（E）」すなわち複数のアイデアやシナリオを比較することの必要性や，さまざまな選択肢の 1 つだけを選ぶのではなく，アイデアや概念の組み合わせ（B, R）や，イメ

ージの活用（A，R）の必要性が指摘されていた。

　このことを踏まえれば，中小企業による開発 FE フェーズにおける創造性発揮のために，思考プロセスに関するものとして，ビジョンの設定，戦略・ビジネスモデルの設定，ターゲット顧客とそのニーズの明確化，コンセプトの明確化，既存知識等の再解釈，比較，組み合わせによるアイデア創出をあげることができる。

2）知　　識

　知識とは，その創造性が生じる領域に関する知識を意味する（Lubart & Sternberg 1995）。

　中小企業による開発においても，この知識に関するものとして 4 種が考えられる。1 つに，各事業分野に関する専門的知識があるが（例えば農業，アパレル，システム開発，土産品），これはその中小企業がそこで事業を立ち上げようとする限り当然である。その上で 2 つに，その事業分野において独自性や差別的となるような開発・製造知識や技術の必要性が指摘された（A, B, C, D, E, P, R）。3 つには，その事業における市場に関する知識が指摘される。その市場には，競合と顧客が含まれる。例えば，「ニーズの理解や消費者意識を持つこと（P, Q）」の必要性が指摘された。そして 4 つには，その事業展開に必要となる，基本的なマーケティングや簿記等といった経営知識が指摘される。例えば「簿記の知識（Q）」の必要性や，「異業種への展開のための知識（A, C, E, Q）」の必要性が指摘されていた。

　これら知識の獲得のために，中小企業は大企業と比べてはるかに，企業外のもの，すなわち環境に依存しており，積極的に探し求めなければならない。具体的には次の環境において記述するように，専門的知識のためには，異業種交流に参加したり，中間組織に依存したりしている。市場知識のためには，小ロットで導入してみて市場の反応を見たり，テストマーケットを行ったり，外部組織と連携したりしている（A, B, C, E, O, Q, R）。これらは実務家と専門家ともに指摘することであった。

　このことを踏まえれば，中小企業による開発 FE フェーズにおける創造性発揮のために，知識に関するものとして，①事業分野の専門知識，②独自の開発・製造知識・技術，③市場知識，④経営知識をあげることができる。

3) 思考スタイル

　思考スタイルとは，思考プロセスと知識を問題に適用することを促す心的統制の傾向であり，実行型に対する企画型，保守型に対する革新型，細部型に対する概略型の 3 種が特に創造性発揮に有効とされる (Lubart & Sternberg 1995)。

　中小企業による開発において，この思考スタイルに当てはまるものとして，主に実務家によって経営者の事業に対する態度として，「起業家精神 (A, B, C, D, Q)」の必要性が指摘されたが，これは企画型に当てはまる。また，「革新の取り込み (Q)」の必要性が指摘されたが，これは革新型に当てはまる。また，「夢 (B, D)」や「ビジョン (A, B, C, D, P, Q)」を持つことの必要性が指摘されたが，これらは概略型に当てはまる。その上，これら以外に重要として指摘されたものとして，自律性を上げることができる (A, B, C, P)。これは，いったん決められた方向性を守り抜くようなことを意味する。この自律性によって，一貫した開発が可能となるという。

　このことを踏まえれば，中小企業による開発 FE フェーズにおける創造性発揮のために，思考スタイルに関するものとして，企画型，革新型，概略型，そして自律性をあげることができる。

4) 性　　格

　性格とは，曖昧さの許容，忍耐，成長の希求，リスクの希求，個人志向の 5 つの属性からなるとされ，いずれも周りに抵抗してでも新規性を求めることに価値を置くような態度とされる (Lubart & Sternberg 1995)。

　中小企業による開発において，この性格に当てはまるものとして，「やり遂げるという意志を持つ開発チーム (O)」の必要性の指摘があったが，それは忍耐および成長への希求に当てはまるだろう。また，「組織より人 (個人) (A, B)」の必要性とは，個人志向に当てはまる。また「起業家精神 (A, B, C, D, Q)」の必要性とは，成長の希求およびリスクの希求に当てはまる。

　このことを踏まえれば，中小企業による開発 FE フェーズにおける創造性発揮のために，性格に関するものとして，忍耐，成長の希求，リスクの希求，個人志向をあげることができる。曖昧さの許容については，特には指摘されなかった。

5) 動機づけ

　動機づけとは，ここでは外発的報酬あるいは内発的報酬によるものである。外発的報酬による動機づけとは，外発的動機づけと呼ばれ，それは，それをすることで達成できることに動機づけられるものを意味する。内発的報酬による動機づけとは，内発的動機づけと呼ばれ，それは，それをすること自体，すなわちその過程自体に動機づけられるものを意味する（Lubart & Sternberg 1995）。

　中小企業の開発において，調査からはこの動機づけに関する直接的な要因は多くは聞き取れなかったが，特に実務家による開発者が「夢を持つこと（B，D)」やビジョン（A, B, C, D, P, Q）の重要性の指摘，さらには「儲ける意識」(B，C, D, P) の必要性とはいずれも，動機づけにつながるものと見ることができる。

　このことを踏まえれば，中小企業による開発 FE フェーズにおける創造性発揮のために，動機づけに関するものとして，夢やビジョンを追求すること，あるいは儲ける意識による動機づけをあげることができる。

6) 環　　境

　環境とは，創造性発揮を促す物理的環境および社会的環境を意味する（Lubart & Sternberg 1995）。

　中小企業の開発において，経営者あるいは開発主導者のリーダーシップを支援し，それらによって提示されたアイデアを受容し展開する開発組織（A, B, C, P)，あるいは彼らと対等にアイデアを出し合い議論するような開発組織（D）の重要性が指摘された。また，組織外のものとして，必要開発資源（知識・技術）を補完する関連業種・関連企業との垂直連携（Q)，新知識獲得のための異業種連携・交流（A, B, C, Q, R)，中間組織（Q)，そして連携とは一見正反対の競争環境（Q）の重要性が指摘された。これらはいずれも社会的環境と捉えることができる。

　また，上述の経営者のリーダーシップ発揮を可能とし，組織のリスク受容を可能とするものとして，何らかの収益事業を持つ事業ポートフォリオの存在（A, B, C, D）を指摘することができるが，これは一種の物理的環境と捉えることができる。

　このことを踏まえれば，中小企業による開発 FE フェーズにおける創造性発

表 7-4　中小企業による新製品開発 FE フェーズにおける創造性発揮のための 6 つの資源（開発成功要因）

	要因	具体例（本調査から）
FE フェーズにおける創造性の特徴		儲ける意識（B, C, D, P） 製品差別化につながるような独自の開発資源（O, P） 市場より人（個人）（R） ニッチ市場における独自性のある製品（O） 合理的なビジネスモデル（「無理がない」「ブレない」）（P） 高付加価値（B） ニッチ戦略（D）
思考プロセス： 問題定義 解釈，比較，組み合わせによる解創出	ビジョンの設定 （社会的課題認識に基づく） ターゲット顧客の明確化 コンセプトの明確化 既存知識等の再解釈，比較，組み合わせによるアイデア創出	（問題設定） 社会的課題認識と自社資源による解決可能性（A, C, D） ビジョン，特に遠い先までの見通し（A, B, C, D, P, Q） 技術を生かす市場（顧客像）の具体的な見通し・イメージ・ストーリー（C, R）その想像力（R） 先の市場の読みと対応力（R） 戦略・ビジネスモデル設定（B, C, D） 中身はコンセプトを決定してから開発（E） 市場を理解した上での，明確なターゲットの設定と，明確なコンセプトの設定（B, O, P） ターゲットの設定と，コンセプトの分かりやすさ（E, P） ターゲットの複数設定（E） （問題アプローチ） アイデア・知識の組み合わせ（白黒でなく）（R） 成果評価（C, D）
知識	事業分野知識の保持，獲得 独自開発・製造知識・技術 関連事業分野知識の獲得 市場知識の保持，獲得 経営知識の保持，獲得	（分野知識） 対象事業分野知識 （独自開発・製造知識・技術） 製品差別化に繋がる独自開発資源（A, B, C, D, O, P, R） 立地資源の活用（E）（日本の資源を活用すべき B） （市場知識） ニーズの理解・消費者意識（C, D, P, Q） テストマーケティング（E, O, Q, R）→軌道修正（A, B, C, E, Q） 顧客ニーズの解釈（P, Q） 消費者理解の意識（本格的な消費者調査は難）（P, Q） （経営知識） 異業種への展開能力（A, C, E, Q）
思考スタイル： 企画型，革新型，概略型	企画型であること （vs 実行型） 革新型であること （vs 保守型） 概略型であること （vs 詳細型） 自律型であること	起業家精神（A, B, C, D, Q） 革新の取り込み（Q） 夢（B, D） 組織メンバーの自律性（A, B, C, P） ミッションの堅守（C）
性格： 曖昧さの許容，忍耐，成長の希求，リスク取りの希求，個人志向	成長の希求，リスク取りの希求，忍耐，個人志向	起業家精神（A, B, C, D, Q），学び続ける（C, D） やり遂げる意志（O），謙虚さ（C, D） トップの専断的意思決定（B）←→合議制（D） 個人（A, B）
動機づけ	動機づけ：ビジョンや夢に基づく，儲ける意識に基づく	ビジョン（A, B, C, D, P, Q） 夢（B, D） 儲ける意識（B, C, D, P）
環境： 物理的環境 社会的環境	自律的組織 　アイデア展開組織 　アイデア提案組織 必要資源獲得のための環境 　関連業種連携，中間組織 　異業種交流 競争環境 収益事業を含むポートフォリオ	（アイデア展開） アイデアを受容し展開する組織（A, B, C, P） アイデアを出し合い議論する組織（D） （知識：必要知識の補完） 関連業種・関連企業との垂直連携（Q）中間組織（Q） 新知識獲得のための異業種交流（A, C, Q, R） 専門講習・研修参加（C） 競争環境（Q） （思考スタイル：リスクテイキング） 収益事業を含むポートフォリオ（A, B, C, D）

揮のために，環境に関するものとして，関連業種・関連企業との垂直連携，新知識獲得のための環境，競争環境，収益事業を持つ事業ポートフォリオをあげることができる。

以上を表7-4にまとめる。

5 知　見

本研究では，中小企業による新製品開発の成功要因を明らかにすべく，開発FEフェーズに注目し，開発実務家および専門家を対象としたインタビュー調査を行った。その結果得られた知見は，次のようにまとめられる。中小企業による新製品開発FEフェーズの成功要因は，Khurana & Rosenthal（1998）の包括的FEフェーズモデルやMarkham（2013）が示すFEフェーズ管理要素によってでは捉え難い部分があるようであり，それは中小企業とは大企業と比較して，その開発組織がよりコンパクトで，その開発は経営者や主要な開発者によるより強力なリーダーシップによることが特徴であるゆえに，そのモデルが主張するような事業戦略とFEフェーズとの統合やそのリーダーシップ自体，開発メンバー間合意等は大きな問題とはならないからである。一方，Lubart & Sternberg（1995）の創造性投資モデルによってより説明できると考えられ，それは中小企業による開発FEフェーズでは，より限られた開発資源をもとにより大きな開発成果を得ようとされ，また開発者個人がより重要視されるからである。

その上でそのLubart & Sternberg（1995）の創造性投資モデルに依拠した場合，中小企業による新製品開発FEフェーズにおける開発成功要因とは，次のように整理できる。まずそれは大きく，思考プロセス，知識，思考スタイル，性格，動機づけ，環境の6つの資源からなる。思考プロセスに関するものとしては，ビジョンの設定（特に社会的課題の認識に基づく），ターゲット顧客とコンセプトの明確化，既存知識等の再解釈・比較・組み合わせによるアイデア創出である。そのビジョンの設定，既存知識などの組み合わせによるアイデア創出は，本書の第I部と第II部で扱ったものであり，ここでもその重要性が確認された。知識に関するものとしては，事業分野知識の保持・獲得，独自の開発・製造知識・技術，関連事業分野知識の保持・獲得，市場知識の保持・獲得，経

営知識の保持・獲得である。思考スタイルに関するものとしては，企画型であることと，革新型であること，概略型であること，自律性があることである。性格に関するものとしては，成長の希求，忍耐，リスクテイキングの希求と，個人主義である。動機づけについてはビジョン追求や儲ける意識に伴う動機づけである。そして環境に関するものとしては，１つには経営者や開発主導者のアイデアを受容し展開する組織，あるいは自らアイデアを提案し議論する組織，２つには知識を含む必要資源獲得のための環境であり，それは異業種交流，中間組織を含む。３つには競争環境，そして４つにはリスクテイキングを許容するための収益事業を含む事業ポートフォリオである。

　ただし以上の今回得られた知見とは，限られた事例を対象とした定性調査からのものであり，その一般的妥当性は確認されていない。今後はこの知見をもとに，中小企業による新製品開発 FE フェーズの成功要因に関する概念を操作定義した上でその仮説を設定し，その妥当性を定量的に検討する必要がある。

　しかし本研究知見のインプリケーションとして，次を指摘できる。まず理論的には，本研究はこれまでに注目されてこなかった中小企業による新製品開発 FE フェーズの成功要因を検討したものである。特に本研究では Khurana & Rosenthal（1998）の包括的 FE フェーズモデルあるいは Markham（2013）が示す FE フェーズ管理要素の応用の限界を示唆するとともに，Lubart & Sternberg（1995）の創造性投資モデル応用の可能性を示した。本知見をもとに今後，中小企業による新製品開発 FE フェーズの開発成功要因に関する仮説を設定しその妥当性を検討することで，それらを明らかにすることができると考える。また実務的には，今後，本研究が扱った中小企業による新製品開発 FE フェーズの開発成功要因の妥当性が確認されれば，中小企業の経営者など開発実務家は，その知見をもとにして新製品開発を行うことで，その開発をより成功させることができるとことが考えられる。特に，思考プロセスのうちのビジョンを設定することが，創造性発揮のための問題設定となるだけでなく，関連知識の獲得，動機づけとなることが考えられ，またそのビジョンの設定とは，経営者など開発者の企画型や革新型の思考スタイル，および成長の希求といった性格に依存していることが考えられ，それらは開発を成功させるために重要であることが示唆される。

参考文献

Amabile, T. M.（1996）*Creativity in Context: Update to The Social Psychology of Creativity*, Westview Press.

Barczak, G., Griffin, A., & Kahn, K. B.（2009）"Perspective: Trends and Drivers of Success in NPD Practices: Results of the 2003 PDMA Best Practices Study," *Journal of Product Innovation Management*, 26, 3-23.

Csikszentmihalyi, M.（1996）*Creativity: Flow and the Psychology of Discovery and Invention*, HarperCollins.（浅川奇洋志（監訳）（2016）『クリエイティヴィティ―フロー体験と創造性の心理学』世界思想社.）

Cooper, R. G.（2008）"Perspective: The Stage-Gate® Idea-to-Launch Process: Update, What's New, and NexGen Systems," *Journal of Product Innovation Management*, 25, 213-232.

Cooper, R. G., & Kleinschmidt, E. J.（1987）"New Products: What Separates Winners from Losers?" *Journal of Product Innovation Management*, 4, 169-184.

Garcia, R., & Calantone, R.（2002）"A Critical look at Technical Innovation Typology and Innovativeness Terminology: A Literature Review," *Journal of Product Innovation Management*, 19, 110-132.

Im, S., & Workman Jr., J. P.（2004）"Market Orientation, Creativity, and New Product Performance in High-Technology Firms," *Journal of Marketing*, 68, 114-132.

Khurana, A., & Rosenthal, S. R.（1998）"Towards Holistic "Front Ends" in New Product Development," *Journal of Product Innovation Management*, 15, 57-74.

Lubart, T. I., & Sterngerg, R. J.（1995）"An Investment Approach to Creativity: Theory and Data," In: Smith, S. M., Ward, T. B., & Finke, R. A.（Eds.）*The Creative Cognition Approach*, The MIT Press, 271-302.

Markham, S. K.（2013）"The Impact of Front-End Innovation Activities on Product Performance," *Journal of Product Innovation Management*, 30(S1), 77-92.

Sternberg, R. J., & Lubart, T. I.(1999) "The Concept of Creativity: Prospects and Paradigms," In: Sternberg, R. J.（Eds.）*Handbook of Creativity*, Cambridge University Press, 3-15.

Yin, R. K.（2009）*Case Study Research: Design and Methods 4th ed.,* Sage.

磯野　誠（2015）「いかに市場を特定するか―新製品開発 FE フェーズ研究レビュー」『鳥取環境大学紀要』13, 41-57.

井上善海・木村　弘・瀬戸正則（2014）『中小企業経営入門』中央経済社.

清成忠男・田中利見・港　徹雄（1996）『中小企業論』有斐閣.

黒川文子（2003）「新製品開発のタイプ別成功要因とケーススタディ」『情報科学研究』21, 9-30.

黒瀬直宏（1996）「市場創造と中小企業の新パラダイム」『三田商学研究』38(6), 159-174.

公益財団法人鳥取県産業振興機構（2013）『鳥取県農商工連携促進ファンド事業活用事例集　素材×知恵』.

小嶋正稔（2014）『スモールビジネス経営論―スモールビジネスの経営力の創成と経営発展』同友館.

中小企業庁（編）（2023）『中小企業白書 2023 年版』.

おわりに

　ここでは，第5章から第7章にかけて記述した研究知見をまとめる。第5章
では，開発組織の創造性発揮の要因についての先行研究をレビューした。第6
章では，組織における多様性と創造性の関係についての先行研究をレビューし
た。第7章では，組織による開発の成功要因を，組織による創造性発揮の説明
モデルである Lubart & Sternberg（1995）の創造性発揮理論により探索し，あ
わせて開発における個人の認知プロセスの役割を考察した。それらの知見をま
とめれば，次のようになる。

■ 1　第5章からの知見

　組織による創造性発揮の組織的要因と個人的要因は，大まかには次のような
関係にあるものとして示される。まず組織の創造性結果は，個人的要因（認知，
知識，動機づけ，性格）に起因し，その個人的要因は，組織的要因（集団構造，集
団プロセス，集団性格）に影響される。ただし個人的要因はまた，組織的要因に
影響を及ぼす。

　個人的要因の中でも，創造的結果に直接起因するのは，Amabile（1996）や
Finke et al.（1992）に依拠すれば，認知である。その認知においては，概念知
識の想起，組み合わせ，探索・評価がなされるが，それは必然的に知識（量・
質とも，外部的知識，内部的知識とも）の影響を受ける。認知と知識はまた，（創造
性発揮に対する）動機づけ，および性格の影響を受ける（Amabile 1996）。その動
機づけはさらに，性格の影響を受ける。

　一方，組織的要因の中でも，集団プロセスは，集団に属する個人の動機づけ，
知識，認知に影響を及ぼすことが考えらえる。また，集団構造は，個人の動機
づけ，知識（の獲得・拡張）に影響を与える。集団性格も，個人の動機づけ，知
識（の獲得・拡張）に影響を与えることが考えられる。

　以上を図1に示す。

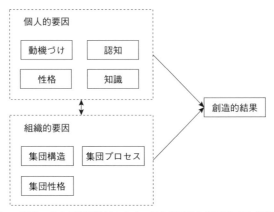

図1　組織による創造性発揮のための個人的要因と集団的要因（再掲）

　第Ⅰ部で取り上げた，創造性のための概念結合，アナロジ，視覚化（心的イメージ）の活用は，個人的要因のうちの認知に関わるものである。また第Ⅱ部で取り上げたビジョニングは，組織的要因のうちの集団プロセスに関わるものである。また第6章で議論された集団のメンバーの多様性は，集団的要因のうちの集団構造に含まれ，インクルージョン風土は，集団性格に含まれるものである。

■ 2　第6章からの知見

　多様性と創造性の関係に関する先行研究から，以下の点が確認された。

①インクルージョン風土が従業員に知覚されると，創造性が高まる。

　インクルージョン風土が，組織的支援を媒介して，創造性に影響を与える（図2）（佐藤ら 2020）。

　ここでインクルージョン風土および組織的支援とは次のとおり。

　　インクルージョン風土：集団が従業員はどの程度公正に扱われており，
　　個々の違いや意見が尊重され，集団の意思決定に積極的に関わっているか
　　についての，従業員個々人の認識
　　組織的支援：組織が従業員の貢献をどの程度評価し，従業員のウェルビー

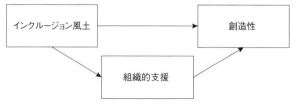

図2　インクルージョン風土，組織的支援ならびに個人の創造性に関する分析結果（再掲）

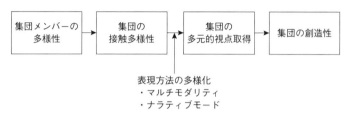

図3　集団メンバーの多様性と集団の創造性に関する分析結果

イングをどの程度配慮しているかに関する従業員の全般的な信念（Eisenberger & Stinglhamber 2011）

②**多様性と創造性には「集団メンバーの多様性→接触相手多様性→多元的視点取得→創造性」というメカニズムの存在する（図3）（竹田 2022；2023）。**
多様性を多元的視点取得に繋げるためには，集団内のコミュニケーションにおける表現方法の多様性，すなわちマルチモダリティとナラティブ・モードを駆使することが有効（竹田 2023）。

ここで多元的視点取得，マルチモダリティ，ナラティブ・モードとは次のとおり。

多元的視点取得：様々なステークホルダーの立場で世界をイメージする視点取得の多様性の程度（竹田 2023：10）
マルチモダリティ：様々な感覚に訴える表現（付箋やホワイトボードに書いた言葉，スケッチ，模型，ストーリーボード，映像など）を重層的に利用すること（竹田 2023：94）
ナラティブ・モード：物語ること，具体的には，ストーリーボード，寸劇，

映像作品など，ナラティブ表現を多用すること（竹田 2023：93）

■ 3　第7章からの知見

中小企業による新製品開発 FE フェーズにおける開発成功要因（Lubart & Sternberg（1995）の創造性投資モデルに依拠した場合）は，表1のようにまとめられる。

ここで要因としての①思考プロセスにおける「ビジョンの設定」は，第Ⅱ部で取り上げたビジョニングに関わるものである。同じく①思考プロセスにおける「既存知識などの再解釈・比較・組み合わせなどによるアイデア創出」は，第Ⅰ部で取り上げた，創造性のための概念結合，アナロジ，視覚化（心的イメージ）の活用に関わるものである。

表1　中小企業による新製品開発 FE フェーズにおける開発成功要因

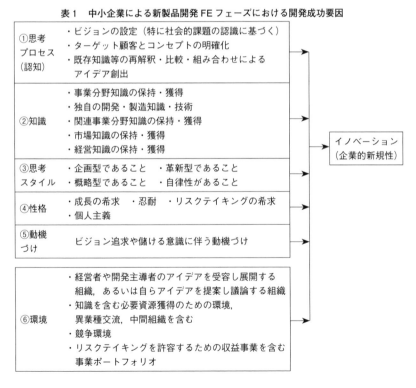

参 考 文 献

Amabile, T. M.（1996）*Creativity in Context: Update to the Social Psychology of Creativity*, Westview Press.

Eisenberger, R., & Stinglhamber, F.（2011）*Perceived Organizational Support: Fostering Enthusiastic and Productive Employees*, American Psychological Association.

Finke, R. A., Ward, T. B., & Smith, S. M.（1992）*Creative Cognition: Theory, Research, and Applications*, The MIT Press.（小橋康章（訳）（1999）『創造的認知―実験で探るクリエイティブな発想のメカニズム』森北出版.）

Lubart, T. I., & Sternberg, R. J.（1995）"An Investment Approach to Creativity: Theory and Data," In: Smith, S. M., Ward, T. B., & Finke, R. A.（Eds.）*The Creative Cognition Approach*, The MIT Press, 271-302.

佐藤佑樹・島貫智行・林　祥平・森永雄太（2020）「インクルージョン風土と従業員の創造性―知覚された組織的支援（POS）の媒介効果」『組織科学』54(1)，16-31.

竹田陽子（2022）「多元的視点取得が創造的成果に与える影響」『組織科学』56(1)，60-72.

竹田陽子（2023）『共観創造―多元的視点取得が組織にもたらすダイナミズム』白桃書房.

第Ⅰ部

第Ⅱ部

第Ⅲ部

コラム④ インクルーシブ・リーダーシップ

　先行研究によれば，インクルージョンを高める要因の1つとして，リーダーと集団内メンバーとの親密さが多く述べられている。また，目標の共有にはリーダー行動が必要不可欠であることは論を俟たない。そこで近年注目されているのが，インクルーシブ・リーダーシップである。

　インクルーシブ・リーダーシップとは「フォロワーに開放性，近接性，有用性という3つの要素を示し，発言の奨励やそれに対する感謝などの包摂を促す行動を，目標達成のために戦略的かつ直接的に行うリーダーシップ」（船越 2021：55）である。すなわち，リーダーが率いる対象であるメンバー，すなわちフォロワーに対して，リーダーはオープンでありアクセスが容易であること，そしてリーダーの存在がフォロワーにとって有益であることに加えて，フォロワーの発言を奨励し，それに感謝するという包摂の概念が含まれ，これらを意図的に実施することを指す。

　インクルーシブ・リーダーシップの成果に関して多く言及されているのが，フォロワーの心理的安全性の向上である（Carmeli et al. 2010：Hirak et al. 2012：Nembhard & Edmondson 2006：船越 2021）。インクルーシブ・リーダーシップによってフォロワーの心理的安全性が高まることにより，集団内のアイデアや気づきなど活発な発言がもたらされるのである。また，リーダーの存在が自分たちにとって有益であることから，集団や組織へのコミットメント（情緒的コミットメント）と創造性が高まり，その結果ワーク・エンゲージメントを高めるという報告もある（Choi et al. 2015）。これらから，インクルーシブ・リーダーシップは，主体的な発言や行動を促す，すなわち「自分らしさ」の発揮を促進する要素と，組織コミットメントなどメンバーの「帰属意識」に繋がる要素であることが伺える。

　インクルージョン認識の高まりが集団内での活発な発言を引き出し，創造性に影響を及ぼすのであるのなら，インクルーシブ・リーダーシップとは創造性向上のための具体的施策の1つとして必要不可欠と言えるのかもしれない。

参 考 文 献

Carmeli, A., Reiter-Palmon, R., & Ziv, E.（2010）"Inclusive Leadership and Employee Involvement in Creative Tasks in the Workplace: The Mediating Role of Psychological Safety," *Creativity Research Journal* 22(3), 250-260.

Choi, S. B., Tran, T. B. H., & Park, B. I.（2015）"Inclusive Leadership and Work Engagement: Mediating Roles of Affective Organizational Commitment and Creativity," *Social Behavior and Personality,* 43(6), 931-944.

Hirak, R., Peng, A. C., Carmeli, A., & Schaubroeck, J. M.（2012）"Linking Leader Inclusiveness to Work Unit Performance: The Importance of Psychological Safety and Learning from Failures," *The Leadership Quarterly,* 23(1), 107-117.

Nembhard, I. M., & Edmondson, A. C.（2006）"Making It Safe: The Effects of Leader Inclusiveness and Professional Status on Psychological Safety and Improvement Efforts in Health Care Teams," *Journal of Organizational Behavior,* 27(7), 941-966.

船越多枝（2021）『インクルージョン・マネジメント—個と多様性が活きる組織』白桃書房.

　本書では，多様性を表層的，深層的，文化的の3分類としたが，他の分類による分析も存在する。Joshi & Roh（2009）は，多様性をデモグラフィックス・ダイバーシティと機能的ダイバーシティに分類した（Joshi and Roh 2009）。ここで，デモグラフィックス・ダイバーシティとは，人種や民族，性別，年齢などであり，機能的ダイバーシティとは，在職期間，教育歴，職務経歴などが挙げられ，一見するだけではわかりにくいダイバーシティなのかもしれない。

　Joshi & Roh（2009）は，多様性に関する研究のメタ分析を実施した。その分析によれば，機能的ダイバーシティはデモグラフィックス・ダイバーシティよりも集団成果を向上させていることを明らかにした。その理由として，機能的ダイバーシティは多様な情報やスキルの獲得をもたらして職務に貢献すると認識される一方で，デモグラフィックス・ダイバーシティは集団間の社会的親和性の低さを示すシグナルとしての働きが強く，業務貢献は相対的に抑制されるからであるとされている（Joshi & Knight 2015）。

　多様な情報やスキルの獲得という集団成果にポジティブに働く側面と，社会的親和性の低さというネガティブに働く側面は，いかなる多様性の中においても共存していると考えられよう（竹田 2023）。もしかすると多様性の分類による違いもさることながら，集団の置かれた文脈や組織的背景，成果に至るプロセスに対して与えるさまざまな要因が，より重要であるのかもしれない（Kochan et al. 2003；Joshi & Knight 2015）。

　このメタ分析の結果からも，多様性そのものもさることながら，集団に対して何らかの適切な介在を施すこと，すなわちいかにマネジメントをするかということが，創造性の鍵といえるのであろう。

参 考 文 献

Joshi, A., & Knight, A. P. (2015) "Who Defers to Whom and Why? Dual Pathways Linking Demographic Differences and Dyadic Difference to Team

Effectiveness," *Academy of Management Journal,* 58(1), 59-84.

Joshi, A., & Roh, H. (2009) "The Role of Context in Work Team Diversity Research: A Meta-analytic Review," *Academy of Management Journal,* 52 (3), 599-627.

Kochan, T., Bezrukova, K., Ely, R., Jacson, S., Joshi, A., Jehn, K., Leonard, J., Levine, D., & Thomas, D. (2003) "The Effects of Diversity on Business Performance: Report of the Diversity Research Network," *Human Resource Management,* 42(1), 3-21.

竹田陽子（2023）『共観創造—多元的視点取得が組織にもたらすダイナミズム』白桃書房.

第Ⅰ部

第Ⅱ部

第Ⅲ部

あ と が き

　人の生活を大きく変え豊かにするような新しい製品やサービスの元となるアイデア，すなわち新たな知識の創出は，ひとつには既存の知識の組み合わせの仕方による。本書ではその既存の知識の組み合わせの仕方として，視覚化，アナロジ，概念結合の活用，ビジョニングを考え，それらのよりよいあり方，組織的な操作のあり方を提示した。

　著者らなりに有益な知見を導いたつもりではあるが，著者らの力量の限界もある。未だその導き方に難があったかもしれない。読者の方々からぜひご批判をいただきたい。

　本書は，神戸大学経済経営学会が発刊する『国民経済雑誌』に掲載された磯野・高橋（2019），日本デザイン学会が発刊する『デザイン学研究』に掲載された磯野・高橋（2023），磯野・高橋（2022），磯野（2020）をもとにしている。これらの論文原稿の審査過程において査読いただいた匿名の先生方からは，数多くの，厳しくも非常に有益なコメントを繰り返しいただいた。それらのコメントに気づかされ，再考し，対応する過程は著者らにとって苦労するものでもありつつ，有意義なものであった。もしかしたら査読いただいた先生からすれば，なんとか通してやったといったような部分があったのかもしれない。私たちの修正対応が本当に十分なものであったのか，不安が残らないでもないが，査読いただいたおかげで，他の方に読んでいただくに足るような知見を導くことができたのではないかと考えている。査読いただいた先生方，そして『国民経済雑誌』と『デザイン学研究』の編集委員会の方々には深く感謝申し上げる。また著者の一人である磯野の大学院時代の恩師である神戸大学の南知惠子先生には，その『国民経済雑誌』への投稿をすすめていただき，励ましていただいた。いつも恐れ多くなかなかお声がけさえままならないが，やはり感謝しかない。元京都女子大学・和歌山大学名誉教授山岡俊樹先生，立命館大学八重樫文先生，東洋学園大学安藤拓生先生には原稿に対して多くの貴重なアドバイスをいただいた。お礼申し上げる。調査段階でインタビューにご協力いただいた開発者の

方々，実験にご協力いただいた開発者の方々，学生にも深くお礼申し上げる。本書の出版にあたっては，ナカニシヤ出版の由浅啓吾氏に大変お世話になった。きめ細やかに原稿へのアドバイス，編集や校正などをしていただいたおかげで，書籍として素晴らしいものになった。深くお礼申し上げる。

　本書のもととなった研究は，JSPS 科研費 JP23K01650，JP15K03730，JP15K03730 の助成を受けたものである。また本書の出版にあたっては，2023 年度公立鳥取環境大学学長特別経費特別助成（出版物）の助成を受けた。

2023 年 9 月

磯野　誠

著者を代表して

事項索引

人名索引

著者紹介

磯野　誠（いその　まこと）

担当：まえがき，第Ⅰ，Ⅱ，Ⅲ部はじめに，おわりに，1〜5章，7章，コラム①，②，あとがき

公立鳥取環境大学経営学部教授。博士（商学）。

神戸大学大学院経営学研究科博士課程修了。P&G などを経て，2012 年より現大学所属。

専門は，マーケティング，新製品開発，デザイン。

主な著書として，『新製品コンセプト開発におけるデザインの役割』（丸善出版，2014 年），『地方創生のための経営学入門』（編共著，今井出版，2019 年）。

髙橋佳代（たかはし　かよ）

担当：第Ⅰ，Ⅱ部はじめに，おわりに，1章，2章，4章，コラム③

鹿児島大学大学院臨床心理学研究科准教授。博士（心理学）。

九州大学大学院人間環境学府人間共生システム専攻博士課程修了。2015 年より現大学所属。

専門は，臨床心理学，臨床発達心理学。

主な著書として，『臨床動作法の実践をまなぶ』（分担執筆，新曜社，2019 年），*International Social Work Practice: Case Studies from a Global Context*（分担執筆，Routledge, 2013）。

島田善道（しまだ　よしみち）

担当：第Ⅲ部はじめに，おわりに，5章，6章，コラム④，⑤

公立鳥取環境大学経営学部准教授。修士（経営学）。

神戸大学大学院経営学研究科博士課程満期退学。松下電器産業（パナソニック）を経て，2018 年より現大学所属。

専門は，経営組織，国際経営，人的資源管理。

主な著書として，『日本の人事システム—その伝統と革新』（共著，同文舘出版，2019 年），『経営学ファーストステップ』（共著，八千代出版，2020 年）。

アイデアをもたらす思考
創造的認知を新製品・サービス開発へ応用する

2024 年 2 月 28 日　　初版第 1 刷発行

著 者　磯野　誠
　　　　髙橋佳代
　　　　島田善道
発行者　中西　良
発行所　株式会社ナカニシヤ出版
〠 606-8161　京都市左京区一乗寺木ノ本町 15 番地
　　　　　　　　　　Telephone　075-723-0111
　　　　　　　　　　Facsimile　075-723-0095
　　　Website　http://www.nakanishiya.co.jp/
　　　Email　　iihon-ippai@nakanishiya.co.jp
　　　　　　　　　　郵便振替　01030-0-13128

印刷・製本 = 創栄図書印刷／装幀 = 白沢　正
Copyright © 2024 by M. Isono, K. Takahashi, Y. Shimada
Printed in Japan.
ISBN978-4-7795-1798-3　C1034